Mercaderes y banqueros
de la Edad Media

Jacques Le Goff

Mercaderes y banqueros de la Edad Media

Alianza editorial
El libro de bolsillo

Título original: *Marchands et banquiers du Moyen Âge*
Traducción de Damià Bas

Primera edición: 2004
Segunda edición: 2014
Tercera reimpresión: 2023

Diseño de colección: Estrada Design
Diseño de cubierta: Manuel Estrada
Ilustración de cubierta: Marinus van Reymerswaele: *Los prestamistas* (detalle, Musée du Palais Carnoles, Menton)
© J. Martín / Anaya
Selección de imagen: Carlos Caranci Sáez

© Presses Universitaires de France
© de la traducción: Herederos de Damià Bas
© Alianza Editorial, S. A., Madrid, 2014, 2023
 Calle Valentín Beato, 21
 28037 Madrid
 www.alianzaeditorial.es

PAPEL DE FIBRA
CERTIFICADA

ISBN: 978-84-206-8282-2
Depósito legal: M. 31.012-2013
Printed in Spain

Si quiere recibir información periódica sobre las novedades de Alianza Editorial, envíe un correo electrónico a la dirección: alianzaeditorial@anaya.es

Índice

11 Introducción

19 1. La actividad profesional
19   I. La revolución comercial
21   II. El mercader itinerante
21   Las rutas
24   Las vías fluviales
24   Las vías marítimas
28   Las ferias
31   III. El mercader sedentario
32   Contratos y asociaciones
38   Mercaderes y poderes políticos
41   IV. Mejoras de los métodos en los siglos XIV y XV
42   Los seguros
43   La letra de cambio
49   La contabilidad
52   Las categorías de mercaderes
57   ¿Ha sido el mercader medieval un capitalista?

60 2. El papel social y político
60   Mercaderes y ciudades
61   I. Papel social de los grandes mercaderes
61   Mercaderes y nobles

66	Mercaderes y clases populares urbanas
74	Mercaderes y campesinos
77	II. Aspectos del dominio político de la burguesía mercantil
80	Los mercaderes «demócratas»
84	Mercaderes y príncipes
88	Las grandes familias burguesas
96	3. La actitud religiosa y moral
96	I. La Iglesia contra los mercaderes: la teoría
96	La condena
97	Los motivos
98	La usura
101	Mercaderes cristianos e infieles
103	II. La Iglesia y los mercaderes: la práctica
103	Protección de los mercaderes
105	Impotencia de la Iglesia frente a los mercaderes
106	La justificación del mercader
112	III. La mentalidad del mercader
112	El dinero
113	La influencia social
114	La dignidad
115	La ética mercantil
117	IV. La religión del mercader
117	La religión y los negocios
119	La beneficencia
121	La penitencia final
123	Los móviles religiosos
124	Mercaderes y herejías

126	V. Evolución de la actitud de la Iglesia con respecto a los mercaderes
126	El período feudal
127	La Iglesia y la revolución comercial
129	La Iglesia y los inicios del capitalismo
131	El ideal de la Iglesia: las clases medias
132	Los mercaderes y el Renacimiento
134	4. El papel cultural
134	I. Los mercaderes y la laicización de la cultura
135	Las escuelas laicas
136	La escritura
137	La aritmética
138	La geografía
139	Las lenguas vernáculas
140	La historia
141	Los manuales de comercio
142	La racionalización
143	Una cultura de clase
144	II. El mecenazgo mercantil
149	III. La cultura burguesa
152	La arquitectura
153	La pintura
155	Las artes menores. El lujo
158	El mercader y la sociología del arte
160	La literatura
161	El humanismo
163	IV. Mercaderes y civilización urbana
169	Bibliografía

Introducción

El presente compendio no ambiciona ser exhaustivo. En él hemos omitido lo más dudoso, lo que se apoya en poquísimos documentos y trabajos, lo que es todavía objeto de controversia entre eruditos e historiadores más que conquista –aunque sea provisional– de la ciencia, lo que se mantiene en los márgenes explorados solamente por unos pocos pioneros de la investigación histórica. Con pesar hemos tenido que sacrificar el examen de los problemas a la exposición del estado actual de los conocimientos.

En el umbral de este libro es necesario, no obstante, si no que las justifiquemos, sí que expliquemos estas limitaciones, que planteemos estos problemas, que recordemos las direcciones en que están comprometidos los investigadores.

En principio nos hemos centrado en un marco geográfico: el de la Europa cristiana. Con ello esperamos ganar en cohesión, pero ciertamente se pierde en horizontes. Renunciar a tratar del mercader bizantino y del mercader musulmán era evitar hablar de gente poco conocida, de personajes pertenecientes a civilizaciones diferentes, incluso hostiles. Pero si bien el comercio suscita conflictos, es más bien uno de los mayores vínculos entre las áreas geográficas, entre las civilizaciones, entre los pueblos. Incluso en tiempos de las Cruzadas los intercambios comerciales –soportes de otros contactos– no se interrumpieron entre la cristiandad occidental y el mundo musulmán. Mejor todavía, podemos pensar que la constitución del islam fue lo que, lejos de separar a Oriente y Occidente, reunió a los dos mundos y creó, gracias a sus grandes centros urbanos de consumo, una petición de productos que fue el origen del renacimiento comercial del Occidente bárbaro. En cualquier caso lo cierto es que el mercader veneciano amasó su fortuna en contacto con Bizancio, que las grandes ciudades marítimas de Italia sacaron del ámbito grecomusulmán, desde Ceuta hasta Trebisonda, desde Bizancio hasta Alejandría, lo esencial de lo que formó su riqueza. ¿No habrá el mercader cristiano –cuya actividad es posterior– adoptado los métodos, las mentalidades y las actitudes del mercader bizantino o árabe?

Este abandono del mundo oriental habría sido imperdonable si hubiésemos estudiado el comercio medieval, pero hemos creído poder prescindir de él al tratar del mercader. La segunda limitación del presente trabajo es que aquí el comercio propiamente dicho –con el estudio de sus mercados, de sus rutas, de su instrumental, de sus productos, de su evolución– no ha sido tratado por sí mismo. Lo que aquí nos interesa son los hombres que se han dedicado a él. Desde este punto de vista el mercader cristiano, aunque su actividad profesional se parece forzosamente a la de sus semejantes orientales, está sumergido en un contexto político, religioso y cultural completamente distinto. Por ello nos hemos dedicado especialmente a situarlo en el marco de su ciudad, de su estado, de su sociedad, de su civilización. Hemos prestado particular atención a lo que hizo con su riqueza, con su poderío, al margen del campo económico.

Y entre esos hombres es aún necesario proceder a una selección. Hemos tenido que sacrificar a los pequeños: mercaderes al por menor, prestamistas por semanas, buhoneros. Los escasos documentos personales que les conciernen, la dificultad que tiene el historiador para identificar de entre ellos algunas figuras individuales, han obligado a esta selección, y asimismo el deseo de mostrar sobre todo a los personajes cuyo poderío económico permitió representar un papel de primera magnitud tanto en la política o en el arte como en el mercado. Así pues, a quienes queremos presentar es a los *negociatores,* a los *mercatores.* Hombres de negocios, se les ha llamado, y la expresión es excelente, puesto que manifiesta la amplitud y la complejidad de sus intereses: comercio propiamente dicho, operaciones financieras de todo orden, especulación, inversiones inmobiliarias y en bienes raíces. Para nombrarles nos hemos limitado aquí a evocar los dos polos de su actividad: el comercio y la banca. Además, ¿no se utilizó en la misma Edad Media para designar a los más poderosos, los más representativos de ellos, el término de «mercaderes-banqueros»? Ahora bien, este tipo está vinculado a la fase de esplendor de la economía de la Europa cristiana a partir del siglo XI. Por lo tanto hemos tenido que renunciar a hablar de los mercaderes de la Alta Edad Media. Se nos dirá que ha sido una solución cómoda. Así evitábamos tener que exponer las múltiples tesis que se enfrentan sobre el tema; no teníamos que hablar ni de su número ni de su importancia –ínfima según algunos, ya grande según otros–, ni de su naturaleza –mercaderes especializados u ocasionales, mercaderes independientes o sujetos a príncipes o a establecimientos religiosos, simples buhoneros o ya capitalistas con amplios horizontes–, ni de su nacionalidad –judíos o indígenas–, ni del problema capital, pero oscuro y oscurecido por las teorías, de su origen –supervivencia del pasado, del mundo grecorromano, aventureros itinerantes, terratenientes que se ponen a invertir capitales en el comercio–.

En cualquier caso, así era posible resolver cómodamente la última alternativa: ¿plan cronológico o plan lógico? Lo que habría sido imposible si se hubiese partido de los orígenes medievales ha parecido legítimo en un marco temporal en el que, después de lo que justamente se ha llamado una «revolución comercial», las condiciones fundamentales de la vida del gran mercader cristiano permanecen relativamente estables. Hemos optado, pues, por una exposición sistemática en la que –estudiando también los vínculos entre las diferentes actitudes de un mismo hombre– hemos tomado al mercader-banquero primero en su despacho o en el mercado –es decir, en su actividad profesional–, luego ante el noble, el obrero, la ciudad, el estado –es decir, en su papel social y político–, a continuación frente a la Iglesia y a su conciencia –es decir, en su actitud religiosa y moral– y por último ante la enseñanza, el arte, la civilización –o sea, en su papel cultural–.

Estas opciones no solamente nos han causado remordimientos, sino que han ido acompañadas de arrepentimientos que nos han parecido legítimos, e incluso necesarios, y cuyas huellas encontrará más adelante el lector.

Aunque nos hayamos limitado únicamente al mercader cristiano, no hemos escamoteado ni la amplitud geográfica de su actividad ni los problemas profesionales o morales planteados por los contactos con el mundo cismático, o herético, o pagano. No hemos olvidado que el mercader cristiano de la Edad Media tenía unos horizontes más anchos que los de muchos eruditos modernos que le han estudiado. Aunque Marco Polo es un caso excepcional o más bien extremo, sus colegas que recorrieron mentalmente las rutas por las que él se aventuró realmente han sido numerosos.

Tampoco hemos querido recordar al mercader o al banquero sin explicar cómo transcurría su vida profesional. Así pues, del comercio hemos esbozado sus métodos, su organización y el marco en el que evoluciona el comerciante.

Menos todavía hemos olvidado que a la sombra de los poderosos personajes de quienes nos ocupamos, los humildes, los pequeños, constituían el tejido conjuntivo de un mundo que no podríamos comprender sin ellos, y en la filigrana el lector podrá adivinar su fisonomía anónima. Por lo demás, ha sido preciso que nos preguntáramos, siguiendo a prestigiosos historiadores, a qué correspondía en la Edad Media la distinción entre gran mercader y pequeño mercader, si era reductible a la oposición entre el comercio al por mayor y al por menor.

Asimismo, aunque hayamos dejado de lado, bajo su aspecto historicista, el problema del origen del mercader cristiano en la Alta Edad Media, en cambio no hemos eludido ni el problema conexo de las generaciones de comerciantes –nuevos ricos o hijos de ricos– ni el que también se le relaciona de las preocupaciones terrenales de los hombres de negocios medievales.

Por último, incluso dentro de un marco geográfico y cronológico que no ha cambiado fundamentalmente, hemos tenido en cuenta la diversidad en el espacio: el mercader italiano no es de ningún modo el mercader hanseático; y la evolución en el tiempo: el pionero del siglo XII no es el advenedizo del siglo XIII, las crisis del siglo XIV engendran un tipo de hombres de negocios distinto del que engendró la prosperidad del siglo XIII, el marco político del principado o de la monarquía nacional modela un personaje de mercader diferente del que modeló el marco municipal de los siglos precedentes. Esperamos que el lector tendrá en cuenta que el desequilibrio que quizás encontrará a favor del mercader italiano se explica por la excepcional abundancia de la documentación que le afecta, por el número y por la calidad de las publicaciones que se han ocupado de él, por el carácter «pionero» de sus métodos y la amplitud de sus perspectivas, que le convierten en un personaje ejemplar –siempre y cuando recordemos que por otro lado en general estamos lejos de ser tan adelantados como él–.

Esperemos que el lector sea indulgente y quiera situar en primera fila, entre las figuras que permiten comprender a la cristiandad medieval, entre esos «estados del mundo» que el pesimismo de la Edad Media moribunda arrastrará a la Danza Macabra, y al lado del caballero, del monje, del universitario, del campesino, al mercader que hizo historia como ellos y con ellos, y también con otros, que esperamos que un día obtengan el «derecho a la historia», según la acertada expresión de Lucien Febvre.

1. La actividad profesional

I. La revolución comercial

La revolución comercial que entre los siglos XI y XIII tuvo por escenario la cristiandad medieval está relacionada con algunos importantes fenómenos de los cuales es difícil dilucidar en qué medida fueron causas o efectos de aquélla.

Primeramente el final de las invasiones. Germanos, escandinavos, nómadas de las estepas eurasiáticas y sarracenos dejan pronto de penetrar en el corazón de la cristiandad, de acudir en tropel a sus costas. A los combates les suceden los intercambios pacíficos –por otro lado surgidos modestamente del seno mismo de las luchas–, y esos mundos hostiles se revelan como grandes centros de producción o de consumo: se ofrecen los cereales, las pieles y los esclavos del mundo nórdico y oriental, que reclaman las grandes metrópolis del mundo musulmán, de donde afluyen en intercambio los metales preciosos de África y de Asia.

La paz –relativa– sucede a las incursiones, a los pillajes, y la seguridad permite el resurgimiento de la economía y sobre todo, con las rutas terrestres y marítimas ya menos peligrosas, la aceleración o la reanudación del comercio. Mejor todavía, al disminuir la mortalidad accidental, al mejorar las condiciones de alimentación y las posibilidades de subsistencia, se produce una incomparable expansión demográfica, que proporciona a la cristiandad unos consumidores, unos productores, una mano de obra y una reserva de los que el comercio va a sacar sus hombres. Y cuando el movimiento se invierte, cuando la cristiandad ataca a su vez, el gran episodio militar de las Cruzadas no es más que una fachada épica a la sombra de la cual se intensifica el comercio pacífico.

El nacimiento o el renacimiento de las ciudades –fenómeno fundamental– tiene relación con estos trastornos. Creaciones nuevas o viejas aglomeraciones, su nuevo carácter es capital, pues la primacía de la función económica está en ellas. Etapas de rutas comerciales, nudos de vías de comunicación, puertos marítimos o fluviales, su centro vital –junto al viejo castillo feudal, al núcleo militar o religioso– es el nuevo barrio de las tiendas, del mercado, del tránsito de mercancías. Los avances del comercio medieval se deben al desarrollo de las ciudades, y por consiguiente hay que situar el crecimiento del mercader medieval en el marco urbano.

Las diferentes regiones de la cristiandad no experimentan con una misma intensidad todas estas manifestaciones iniciales de la revolución comercial. Se individualizan tres grandes focos en los cuales tiende a concentrarse la actividad comercial de Europa. Puesto que el Mediterráneo y el Norte (dominio musulmán y dominio eslavoescandinavo) son los dos polos del comercio internacional, es en las avanzadillas de la cristiandad hacia estos dos centros de atracción donde se constituyen dos franjas de poderosas ciudades comerciales: una en Italia, y en menor grado en Provenza y en España; la otra en el norte de Alemania. Y de ahí el predominio en la Europa medieval de dos mercaderes: el italiano y el hanseático, con sus ámbitos geográficos, sus métodos, sus personalidades propias. Pero entre ambos dominios se forma una zona de contacto cuya originalidad estriba en que a su función de intercambios entre las dos áreas comerciales añade muy pronto una función productora, industrial: es la Europa del noroeste –sudeste de Inglaterra, Normandía, Flandes, la Champagne, comarcas del Mosa y de la Baja Renania–. Esta Europa del noroeste es el gran centro del tejido, es –con el norte y el centro de Italia– la única región de la Europa medieval de la que se puede hablar de industria. Junto a los géneros del Norte y de Oriente, estos productos de la industria textil europea son las mercancías que el hanseático y el italiano van a buscar a los mercados y a las ferias de la Champagne y de Flandes. Puesto que, en esta primera fase de nacimiento y de expansión, el mercader medieval es sobre todo un mercader itinerante.

II. El mercader itinerante

Las rutas

A lo largo de las rutas terrestres, marítimas y fluviales por las que transporta sus mercancías, el mercader tropieza con muchos obstáculos.

En primer lugar obstáculos naturales. En tierra hay que vencer montañas por unas rutas no tan malas como a veces se ha dicho, más elásticas que las rutas embaldosadas y cimentadas de la antigüedad, aunque en realidad bastante rudimentarias. Si consideramos que las grandes rutas del comercio norte-sur tienen que franquear los Pirineos y sobre todo los Alpes –más permeables al tráfico pero donde las dificultades se multiplican debido al volumen mucho más considerable de las mercancías–, vemos ya los esfuerzos y los riesgos que representa el transporte de un cargamento de Flandes a Italia, por ejemplo. Y no podemos olvidar que si bien en algunos tramos utilizan lo que puede subsistir de las vías romanas, si bien en algunos itinerarios encuentran verdaderas carreteras, casi siempre la carretera medieval a través de campos y colinas no es más que «el lugar por donde se pasa». Sumémosle las insuficiencias del transporte. Indudablemente el perfeccionamiento del enganche de los animales de tiro a partir del siglo X es una de las condiciones técnicas favorables, por no decir necesarias, para el desarrollo del comercio, pero por caminos no empedrados los resultados de tales perfeccionamientos son limitados. Así, junto a los pesados carromatos de cuatro ruedas, las carretas más ligeras de dos ruedas, las acémilas –mulas y caballos– con sus albardas y sus sacos son los agentes de transporte normales. Sumemos a todo ello la inseguridad, bandidos, señores o ciudades ávidos de hallar recursos en el simple robo o en la confiscación más o menos legalizada de los cargamentos de los mercaderes. Añadamos quizá sobre todo –por más frecuentes y más regulares– las tasas, los derechos, los peajes de toda especie, cobrados por innumerables señores, ciudades, municipios, al pasar un puente, un vado o por el simple tránsito por sus tierras –en unos tiempos de extrema fragmentación territorial y política–. Cuando estos censos se recaudan como precio de una conservación efectiva de los caminos, el gasto puede parecerles legítimo a los mercaderes, y a partir del siglo XIII señores, monasterios y burgueses principalmente construyen puentes que facilitan e incrementan un tráfico del que sacan unos recursos directos e indirectos apreciables, pero a veces las obras de arte se edifican «a expensas de los usuarios», de los propios mercaderes, como por ejemplo el puente colgante, primero en su género, que en el año 1237 abre por el Gotardo el camino más corto entre Alemania e Italia. No será hasta las postrimerías de la Edad Media cuando estos gastos se verán atenuados gracias a una política de obras públicas por parte de los príncipes o de los reyes, en el marco de la organización de unos estados centralizados, y a un indulto sistemático de los peajes. Así pues, a las penas y a los riesgos inciertos se le suman al mercader estos gastos ciertos que hacen que el transporte terrestre sea tan oneroso. Para los productos escasos y caros: esclavos, telas lujosas, y sobre todo para las «pequeñas especies» –expresión que incluye toda una serie de mercancías de elevado precio y pequeño volumen empleadas en el tocador, la farmacopea, la tintorería, la cocina–, el coste del transporte no se eleva más del 20 al 25% del precio inicial, pero para lo que A. Sapori ha llamado las «mercancías pobres»: pesadas y voluminosas para un valor más bajo –granos, vino, sal–, estos gastos se elevan hasta el 100%, el 150% y más todavía de su valor original.

Las vías fluviales

Por eso el mercader medieval prefiere las vías acuáticas. Las armadías de troncos y el transporte sobre pontones de las otras mercancías se practican a gran escala en los tramos donde la navegabilidad de los ríos lo permite. En este aspecto existen tres redes que por la importancia de su tráfico no tienen parangón. El norte de Italia, donde el Po y sus afluentes constituyen la mayor vía de navegación interior del mundo mediterráneo, comparable –salvando las distancias– a la actual vía de los Grandes Lagos de América del Norte. La vía del Ródano, prolongada hacia el Mosela y el Mosa, es hasta el siglo XIV el gran eje del comercio norte-sur. Por último, el entramado de los ríos flamencos, completado a partir del siglo XII por toda una red artificial de canales o *vaarten* y de presas-esclusas u *overdraghes,* representa para la revolución comercial del siglo XIII lo que para la revolución industrial del siglo XVIII representaría la red de los canales ingleses. A todo ello hay que sumar, de una creciente importancia a finales de la Edad Media, la vía Rin-Danubio, relacionada con el desarrollo económico de la Alemania central y meridional. En toda esta labor de equipamiento los mercaderes desempeñan durante mucho tiempo un papel preponderante, anterior al de los príncipes.

Las vías marítimas

Pero el transporte por mar es el medio por excelencia del comercio medieval internacional, el que enriquecerá a esos grandes *mercatores* que nos interesan particularmente. También en esta actividad son grandes las dificultades.

Primeramente existen los riesgos de naufragios y de la piratería. Ésta siempre hizo estragos a gran escala. Al principio es obra de marinos particulares, verdaderos empresarios de la piratería, que alternan su práctica con la del comercio y que, en vista de su ejercicio, pactan verdaderos contratos en los que garantizan su parte de beneficios a los honorables comerciantes que financian sus empresas. Asimismo es obra de las ciudades y de los estados, en virtud del derecho de guerra o de un derecho de naufragio interpretado muy libremente, y si bien este *jus naufragii* es muy pronto abolido en el Mediterráneo (aunque los reyes angevinos de Nápoles van a reinstaurarlo a finales del siglo XIII con gran escándalo de los italianos), se mantiene durante más tiempo en el dominio nórdico, practicado particularmente por los ingleses y los bretones a lo largo de una tradición ininterrumpida que llevará a la guerra de corsario de la era moderna. Únicamente las grandes ciudades marítimas –sobre todo Venecia– pueden organizar convoyes regulares escoltados por navíos de guerra.

Hay que añadir asimismo la poca capacidad de las naves. Indudablemente la revolución comercial y el incremento del tráfico hacen que el tonelaje de los navíos mercantes aumente. Pero aunque las pesadas *koggen* hanseáticas adaptadas al transporte de mercancías voluminosas y pesadas y las grandes galeras italianas –y principalmente venecianas– dedicadas al comercio alcanzan un millar de toneladas a finales de la Edad Medía, representan en suma un tonelaje escaso. La mayoría de naves son de una capacidad mínima: las *koggen* hanseáticas que transportan la lana inglesa y el vino francés o alemán por el mar del Norte y por el Báltico, las carracas genovesas y españolas cargadas de especias, las rápidas naves venecianas que van a buscar algodón a los puertos de Siria y de Chipre pocas veces exceden las 500 toneladas.

Otro problema es el de la rapidez de esta navegación. A partir del siglo XIII la difusión de invenciones tales como el timón de codaste, la vela latina y la brújula y los adelantos de la cartografía —progresos a los que, además del impulso oriental y extremooriental, contribuyeron ampliamente los marinos y sabios vascuences, catalanes y genoveses— permiten disminuir o eliminar los graves inconvenientes a la rapidez de las comunicaciones marítimas que en la Edad Media representan el fondeado durante la noche, la inactividad durante el invierno o el cabotaje a lo largo de las costas. Todavía a mediados del siglo XV el ciclo completo de una operación de mercader veneciano dura dos años completos: llegada a Venecia de especias de Alejandría, reexpedición hacia Londres de estas especias, regreso de Londres con un flete de estaño, reexpedición de este estaño a Alejandría y vuelta a cargar especias para Venecia. El mercader necesita paciencia y capitales. A pesar de todo, el coste del transporte por mar es infinitamente menos elevado que por tierra: el 2% del valor de la mercancía para la lana o la seda, el 15% para los granos, el 33% para el alumbre.

Junto con Roberto López y Armando Sapori seguiremos a un grupo de mercaderes que en el siglo XIV embarcan en Génova rumbo a Oriente. El cargamento es fundamentalmente de telas, de armas, de metales. La primera escala que se hace bordeando las costas o por Córcega, Cerdeña y Sicilia es Túnez, y la segunda Trípoli. En Alejandría el cargamento se incrementa con mercancías de todas clases: productos de la industria local y sobre todo importaciones orientales. Si se hace escala en los puertos de Siria –San Juan de Acre, Tiro, Antioquía– es para cargar viajeros, peregrinos o las mercancías que las caravanas han traído del Este. Pero el gran puerto de las especias es Famagusta, en la isla de Chipre. Allí hay «más especias que pan en Alemania». En Latakia, en el punto de llegada de las rutas de Persia y de Armenia, pueden encontrarse también, según Marco Polo, «todas las especierías y telas de seda y oro de la tierra». En Focea se embarca el precioso alumbre, mientras que Quíos es la escala de los vinos y de la almáciga, que sirve tanto para la destilación de un licor muy apreciado como para la preparación de una pasta dentífrica muy buscada. Bizancio es a continuación una parada obligatoria en la gran encrucijada de las rutas de Levante. Luego, atravesando el mar Negro, en Kaffa, Crimea, se recogen los productos de Rusia y de Asia traídos a lo largo de la ruta de Mongolia: trigo, pieles, cera, pescado salado, seda y sobre todo quizás esclavos. Muchos de estos productos nuestros mercaderes no los conducen a Occidente, sino que se detienen para venderlos en Sinop o en Trebisonda. Los más audaces pueden partir de aquí, escoltados hasta Civa por la policía tártara, hacia Tabriz y la India, como hizo Benedetto Vivaldi, hacia China como hizo Marco Polo por vía terrestre a través del Asia central, o por mar de Basora a Ceilán.

Las ferias

Pero en el siglo XIII la gran meta del mercader itinerante son las ferias de la Champagne.

Estas ferias se celebran en Lagny, en Bar-sur-Aube, en Provins y en Troyes, y se suceden a lo largo de todo el año: en Lagny en enero-febrero, en Bar en marzo-abril, en Provins la Feria de Mayo en mayo-junio, en Troyes la Feria de San Juan en julio-agosto, en Provins nuevamente la Feria de San Ayoul en septiembre-noviembre, por último en Troyes una segunda vez en la Feria de San Remy en noviembre-diciembre. De este modo en la Champagne hay un mercado casi permanente del mundo occidental, lo que representa un hecho capital. Así, durante dos o cuatro meses del año reina en estas ciudades una animación extraordinaria, que el trovero Bertrand de Bar-sur-Aube ha descrito en primavera:

> [...] hace calor y ha llovido,
> la hierba es verde y los rosales han florecido.
> . . . .
> Empiezan los marchantes a mercadear
> los productos que han traído para vender.
> Desde que empieza el sol a alumbrar
> hasta la hora del anochecer
> toda la gente en incesante transitar
> llena la ciudad de vida y quehacer.
> Desbordan la ciudad, y en el prado
> mesas y tenderetes han instalado.

Para llegar a esas ciudades los mercaderes han hecho un largo y difícil viaje; los italianos que han atravesado los pasos alpinos han empleado cinco semanas en el camino. En primer lugar tienen que alojarse. Originariamente se construyen barracones en las plazas o en las afueras de la ciudad. Posteriormente los habitantes alquilan habitaciones o casas a los mercaderes. Por último se construyen casas especiales para ellos, de piedra para resistir los incendios y con grandes sótanos abovedados para almacenar las mercancías.

Mercaderes y habitantes disfrutan de importantes privilegios, y la fijación y el éxito de las ferias están íntimamente relacionados con el crecimiento del poder de los condes de la Champagne y el liberalismo de su política.

En primer lugar existen los salvoconductos concedidos para toda la extensión de las tierras condales. Existe después la exención de todos los impuestos serviles sobre los terrenos en los que se pueden edificar alojamientos y locales para los mercaderes. Los burgueses son eximidos de las tallas y de las «toltas» a cambio de unos impuestos fijos redimibles. Los peajes y los derechos feudales son abolidos o considerablemente limitados. Estos mercaderes no tienen que pagar ni derecho de represalias y de marca, ni derecho de mañería y de pecio. Los condes atienden sobre todo a la policía de las ferias, controlan la legalidad y la honestidad de las transacciones, garantizan las operaciones comerciales y financieras. De este modo se crean unos funcionarios especiales, las guardias de las ferias, funciones públicas pero a menudo confiadas a burgueses por lo menos hasta 1284; cuando los reyes de Francia, convertidos en señores de la Champagne, nombran en general a funcionarios reales. El control de las operaciones financieras y el carácter semipúblico de los cambistas contribuyen, además de las razones puramente económicas, a dar a estas ferias una de sus más importantes características: «el papel de un *clearinghouse* embrionario» (habiéndose extendido el uso de zanjar en ellos las deudas por compensación).

Pero a principios del siglo XIV estas ferias declinan. Se han buscado muchas causas para esta desaparición: la inseguridad que reina en Francia en el siglo XIV con la Guerra de los Cien Años, el desarrollo de una industria textil italiana que ocasiona un declive –al que seguirá una reorganización– de la fabricación de paños flamenca, principal proveedora de las ferias, fenómenos que conducen al abandono de la *Strata francigena,* de la ruta francesa, del gran eje que había unido el mundo económico del Norte al dominio mediterráneo, a beneficio de dos rutas más rápidas y menos costosas: una ruta marítima que, desde Génova y Venecia, a través del Atlántico, el canal de la Mancha y el mar del Norte, llegaba hasta Brujas y Londres; y una ruta terrestre renana a lo largo de la cual se desarrollarán en los siglos XIV y XV las ferias de Fráncfort y de Ginebra. Pero este declive de las ferias de la Champagne está relacionado con una transformación profunda de las estructuras comerciales que da nacimiento a una nueva figura de mercader: el mercader sedentario en vez del mercader itinerante. Éste era el «pie polvoriento» a lo largo de los caminos; en adelante, desde la sede central de sus negocios aquél dirige, gracias a unas técnicas incesantemente más evolucionadas, gracias a una organización cada día más compleja, una red de asociados o de empleados que convierten los desplazamientos en inútiles.

1. La actividad profesional

III. El mercader sedentario

En verdad esta organización, estos métodos, empezaron a desarrollarse desde el alba de la revolución comercial, pero es en los siglos XIV y XV cuando alcanzan su apogeo y se generalizan hasta el punto de que ahora tenemos que abordar estos nuevos tipos de mercaderes sedentarios, en el centro de la telaraña de sus negocios.

Desde muy pronto el mercader –y en la medida en que los negocios se amplían y se diversifican esta corriente se vuelve irresistible– ha tenido que buscar capitales fuera de sus propios recursos.

El problema del crédito (más adelante veremos que fue singularmente complicado en la cristiandad medieval debido a preocupaciones religiosas y morales) se resuelve de muy distintas maneras; aquí solamente podremos evocar las principales.

Primero aparece el préstamo bajo sus múltiples formas. Una de ellas especialmente importante es la letra de cambio, de la que más adelante veremos qué operación de crédito ha representado. Pero junto al simple préstamo hay que reservar un lugar aparte al préstamo marítimo. Su originalidad estriba en el hecho de que la devolución del préstamo está supeditada al regreso del navío sano y salvo con su cargamento: *Salva eunte navi*. De este modo tales préstamos casi siempre se limitan a un viaje o más precisamente a una ida y vuelta, de modo que podemos decir que esto en la Edad Media constituye la unidad de operación comercial por mar.

Contratos y asociaciones

Existen sobre todo diversos tipos de asociación gracias a los cuales el mercader, al salir de su aislamiento, puede extender la red de sus negocios.

Una forma fundamental de asociación ha sido el contrato de *commenda,* también llamado *societas maris* en Génova y *collegantia* en Venecia. En él los contratantes se presentan como asociados en la medida en que hay reparto de los riesgos y de las ganancias, pero por lo demás sus relaciones son las que existen entre un prestamista y un prestatario.

En el contrato de *commenda* puro y simple, un comanditario adelanta a un mercader itinerante el capital necesario para un viaje de negocios. Si hay pérdidas, el prestamista asume todo el peso financiero, y el prestatario únicamente pierde el valor de su trabajo. Si hay ganancias, el prestamista que ha permanecido en su domicilio es reembolsado y recibe una parte de los beneficios, en general las tres cuartas partes.

En la *commenda,* llamada más especialmente *societas* o *collegantia,* el comanditario, que no viaja, adelanta las dos terceras partes del capital, mientras que el prestatario contribuye con un tercio del capital y con su trabajo. Si hay pérdidas, se reparten proporcionalmente al capital invertido. Si hay ganancias, los beneficios se dividen por mitad.

Por norma general este contrato se firma para un solo viaje. En él se puede especificar la naturaleza y el destino de la expedición al mismo tiempo que algunas de sus condiciones –por ejemplo, la moneda con la que serán pagados los beneficios– o dejar toda la libertad al prestatario, quien con el tiempo toma cada vez más independencia.

He aquí uno de tales contratos firmado en Génova el 29 de septiembre de 1163:

> Testigos: Simon Bucuccio, Ogerio, Peloso, Ribaldo di Sauro y Genoardo Tosca. Stabile y Ansaldo Garraton han formado una *societas* en la cual, según sus declaraciones, Stabile ha aportado una contribución de 88 liras, y Ansaldo 44 liras. Ansaldo se lleva el capital, para hacerlo fructificar, a Túnez o a cualquier parte donde tiene que ir la nave en la que embarcará, a saber, la nave de Baldizzone Grasso y de Girardo. A su regreso mandará los beneficios a Stabile o a su representante para el reparto. Una vez deducido el capital, dividirán los beneficios por mitad. Hecho en la casa capitular el 29 de septiembre de 1163.

Además, Stabile da a Ansaldo autorización para mandar este dinero a Génova por el barco que éste decida.

Para el comercio terrestre los tipos de contratos de asociación son más numerosos, pero podemos resumirlos en dos tipos fundamentales: la *compagnia* y la *societas terræ*. Los primeros ejemplos conservados de este género de contratos se refieren a los venecianos y llevan el nombre particular de *fraterna compagnia,* pero quienes sobre todo los usan son mercaderes que viven en ciudades del interior.

En la *compagnia* los contratantes están íntimamente vinculados entre sí y comparten riesgos, esperanzas, pérdidas y beneficios. La *societas terræ* se asemeja a la *commenda*. El prestamista es el único que asume los riesgos de pérdidas, y las ganancias en general se comparten por mitad. Pero en la mayoría de las cláusulas hay una mayor flexibilidad: las partes de capital invertido pueden variar mucho; la duración de la organización generalmente no queda limitada a un negocio, a un viaje, sino que está definida para un determinado lapso de tiempo –casi siempre uno, dos, tres o cuatro años–. Por último, entre estos tipos fundamentales de la *compagnia* y de la *societas*, existen numerosos tipos intermedios, que combinan diversos aspectos de ambos. La complejidad de estos contratos queda expresada en unos documentos tan largos que aquí nos es imposible dar ningún ejemplo.

Alrededor de ciertos mercaderes, de determinadas familias, de algunos grupos, se desarrollan mecanismos complejos y poderosos a los que tradicionalmente se ha dado el nombre de «compañías» en el sentido moderno de la palabra[1]. Las más célebres y mejor conocidas han sido dirigidas por ilustres familias florentinas: los Peruzzi, los Bardi, los Médicis. Pero debemos señalar, siguiendo a los historiadores que los han estudiado –en primera línea de los cuales está Armando Sapori–, que se han podido detectar profundas modificaciones de estructuras entre las de los siglos XIII y XIV y las del siglo XV, por lo menos en el dominio italiano.

Estas sociedades siguen basándose en contratos que únicamente comprometen a los contratantes para una operación comercial o para una duración limitada. Pero

---

1. Pero están muy alejadas de las sociedades modernas, que tienen una personalidad independiente de sus miembros.

la habitual renovación de algunos de estos contratos, la presencia sobre una vasta superficie económica de los mismos nombres que participan en empresas de primera importancia aportando regularmente considerables capitales, todos estos vínculos de negocios tramados alrededor de algunas cabezas hacen de ellas los jefes de unos organismos estables más allá del carácter efímero de las operaciones particulares y de los contratos que las definen.

Pero en los siglos XIII y XIV estas verdaderas casas comerciales están muy centralizadas; al frente de ellas hay uno o varios mercaderes que poseen un conjunto de sucursales, y fuera de la sede principal donde reside el dirigente o los dirigentes son representados por empleados asalariados.

En el siglo XV una casa como la de los Médicis está descentralizada. Consiste en una combinación de asociaciones separadas con su capital aparte, cada una de las cuales tiene una sede geográfica propia: junto a la casa madre de Florencia, las filiales: Londres, Brujas, Ginebra, Lyon, Aviñón, Milán, Venecia, Roma, regentadas por directores que sólo parcial y secundariamente son empleados que perciben un salario pero que ante todo son proveedores de fondos a la cabeza de una parte del capital —como los Angelo Tani, los Tomaso Portinari, los Simone Neri, los Amerigo Benci, etc.–. Los Médicis de Florencia son el lazo que mantiene juntas todas estas casas solamente porque en cada una de las capitales casi siempre son mayoritarios, porque centralizan las cuentas, los informes, la orientación de los negocios. Un Lorenzo menos atento que su abuelo Cosme se despreocupa de los negocios y las filiales tienden a vivir su propia vida; dentro de la firma se desarrollan los conflictos; el edificio se disloca: ruina facilitada por el número de personas que en lo sucesivo se interesan por el negocio, puesto que parece que de la participación se haya ahora pasado al depósito. Como sea que en adelante los depósitos representan una parte importante del capital, de la masa de maniobra de la firma, ésta se vuelve más vulnerable por las necesidades, las dudas, las exigencias, los temores de estos depositantes, que, al reclamar su dinero, no tienen los escrúpulos de los antiguos participantes vinculados entre sí por la solidaridad de los nudos familiares y los lazos de la colaboración comercial.

En el ámbito de estas grandes sociedades, de estos poderosos personajes, han podido desarrollarse verdaderos monopolios, y lo que podemos llamar ya cárteles. Se ha dicho, en efecto, que todas las corporaciones medievales fueron unos carteles que reunían a comerciantes o artesanos deseosos de suprimir en el mercado urbano la mutua competencia y establecer un monopolio. No solamente estos enfoques no han sido probados en lo que se refiere a la economía corporativa urbana, sino que tienden a introducir en un marco inadecuado unos elementos que en realidad únicamente se aplican en el comercio internacional. Estas sociedades monopolistas se aprovechan a menudo de la política colonial de ciertas ciudades o estados medievales, particularmente Génova y Venecia.

Los más célebres de estos cárteles son sin ninguna duda aquellos motivados por el comercio del alumbre –uno de los más importantes productos buscados por el mercader medieval, puesto que constituye una de las materias primas indispensables en la industria textil, en la que se usa como mordiente–. La mayor parte de este alumbre se produce en las islas o en las costas del mar Egeo, y primordialmente en Focea, en Asia Menor. En el siglo XIII su comercio se convierte en un monopolio genovés, y después que un mercader de esta ciudad, Benedetto Zaccaria, fuera el pionero de esta actividad, una poderosa sociedad genovesa, la maona de Quíos –en la que hallamos prácticamente a todos los grandes nombres del comercio genovés– domina el mercado del alumbre en el siglo XIV y a principios del XV.

Después de la conquista turca, el alumbre oriental desaparece casi por completo del mercado. Es entonces cuando se descubren importantes yacimientos en el territorio pontificio, cerca de Civita Vecchia, en Tolfa, en el año 1461. El gobierno pontificio confía pronto su explotación y venta a la firma de los Médicis. Es en este momento cuando nace uno de los más extraordinarios intentos de monopolio internacional de la Edad Media. La Santa Sede compromete su parte de los beneficios en este negocio a la financiación de la Cruzada contra los turcos –que no tiene lugar–. Al mismo tiempo azota con la excomunión a todos los príncipes, ciudades y particulares que han adquirido un alumbre que no sea el de Tolfa, concede a las naves utilizadas por los Médicis para el comercio el derecho a llevar pabellón pontifical y ofrece a los Médicis todo su apoyo para obtener –mediante presiones que llegan hasta la organización de expediciones militares– el cierre de otras minas secundarias de alumbre existentes en la cristiandad, o la entrada en el cártel de sus propietarios –por ejemplo, los reyes de Nápoles, poseedores de minas en la isla de Iscia–. Es una de las mayores acciones de los Médicis.

Mercaderes y poderes políticos

Gracias a estos ejemplos nos damos cuenta de los lazos que se establecieron entre gobiernos y grandes mercaderes, sobre todo a finales de la Edad Media, cuando las necesidades de los príncipes aumentan –y de las que trataremos a propósito del poder político de los mercaderes–. Limitémonos a decir aquí que los préstamos a los soberanos, a las ciudades, el arrendamiento de los impuestos, la participación en los empréstitos (como por ejemplo en Venecia y en Génova, donde se establece un fondo de la deuda pública con participación de los grandes mercaderes de ambas ciudades, los cuales se dedican a la especulación de estos verdaderos «valores») constituyen en los siglos XIV y XV una parte cada vez más importante de los negocios de los grandes comerciantes. La prosperidad de ciertos grandes comerciantes italianos tiene en gran parte su origen en las operaciones financieras y comerciales que llevan a cabo por cuenta del Papado, una de las grandes potencias monetarias de la Edad Media; sobre todo en el siglo XIV, cuando el Papado de Aviñón, exagerando la fiscalidad pontificia, drena hacia las cajas de la Curia y de las compañías italianas –predominantemente florentinas– que le hacen las veces de banqueros una parte de los recursos de la cristiandad. Además de los beneficios propiamente financieros y comerciales de tales operaciones, los grandes mercaderes obtienen privilegios –exención de impuestos, participación en el gobierno– que tienen profundas repercusiones en su posición económica. Es asimismo la época en que la legislación comercial se define en un sentido que, al garantizar más estabilidad y más seguridad a los negocios, beneficia antes que a nadie a los mercaderes. Desde los inicios de la revolución comercial vemos cómo los señores y los soberanos, y particularmente los papas a través de los cánones conciliares, conceden su protección a los mercaderes itinerantes, expiden salvoconductos (uso que se remonta a la más Alta Edad Media, en que ya las inmunidades concedidas a los eclesiásticos les convierten en «comerciantes privilegiados») y construyen edificios especiales para albergar a los mercaderes y a sus mercancías –el más célebre será el *fondaco* de los mercaderes alemanes en Venecia–. Como hemos visto, el éxito de las ferias ha sido facilitado en gran medida por la protección que la autoridad secular del lugar en que se celebra concede a sus participantes. Se va desarrollando una legislación comercial, primeramente obra de los propios mercaderes, como por ejemplo en el seno del famoso Tribunal de la Mercanzia de Florencia, que como veremos va a constituir uno de los fundamentos del poderío político de los grandes mercaderes florentinos; luego se desarrolla a escala internacional y se insinúa en la legislación pública. En el ámbito mediterráneo por lo menos, los contratos y los litigios comerciales ponen en primera fila y motivan la proliferación de toda una multitud de notarios –personajes que son los auxiliares de los mercaderes, a quienes deben una gran parte del auge que experimenta su profesión y cuyo cometido histórico ha proseguido hasta nosotros porque sus archivos son una de nuestras más ricas fuentes de documentación sobre el mercader y el comercio medievales–. Dondequiera que vaya el mercader, el notario le sigue: encontramos a los notarios en Armenia, en Crimea; también están a bordo de los buques, y así, por ejemplo, vemos a uno de ellos levantar acta navegando en aguas de Creta el día 16 de noviembre de 1283, a petición de mercaderes genoveses en ruta con sus mercancías hacia Chipre y Armenia y que están furiosos porque el capitán de la nave, con desprecio de sus compromisos, desvía su embarcación hacia Bizancio.

En el ámbito hanseático quienes desempeñan el cometido de los notarios son las autoridades públicas –municipales o corporativas–, y hoy a menudo hay que recurrir a los documentos oficiales para tener acceso a las operaciones del mercader medieval en el mundo del Norte.

Por todas partes en la Edad Media la intervención de las autoridades públicas, que los historiadores liberales del siglo XIX consideraban un estorbo al comercio y una señal de la barbarie medieval, en general ha favorecido a los mercaderes, que así se benefician a finales de la Edad Media de la verdadera política económica de ciertos príncipes como Luis XI, el «rey de los mercaderes». En este final del siglo XV también se definen con más precisión la legislación sobre la propiedad del subsuelo y la delimitación de las aguas territoriales.

Es indudable que los cada vez más estrechos vínculos entre príncipes y mercaderes en las postrimerías de la Edad Media les hacen correr unos riesgos también más grandes. La insolvencia de los soberanos tiene mucho que ver con las estrepitosas quiebras de banqueros italianos en los siglos XIV y XV. Pero no únicamente esto, sino que otras causas contribuyen a estas bancarrotas: extensión imprudente del crédito y de los negocios, papel de la coyuntura económica y primordialmente de la coyuntura monetaria, los más duros efectos de cuyas quiebras atenúa muy pronto la legislación. No solamente las penas máximas –condenas de muerte o solamente cárcel– son absolutamente excepcionales, sino que incluso la venta de los bienes del comerciante quebrado en las subastas para la indemnización de sus acreedores se evita en muchas ocasiones. Se difunde la costumbre de conceder al quebrado fugitivo un salvoconducto por un período de tiempo durante el cual pueda buscar un arreglo amistoso con sus acreedores.

IV. Mejoras de los métodos en los siglos XIV y XV

Si bien la extensión de los negocios a partir del siglo XIII lleva a ciertos mercaderes a la imprudencia y desarrolla ciertos riesgos, en conjunto la evolución motiva una mejora de los métodos y de las técnicas que permite superar o reducir muchas dificultades y peligros.

La expansión del comercio marítimo se ve al principio muy favorecida por la práctica –sobre todo en Génova– de la división de los navíos en partes iguales, verdaderas acciones de las que una misma persona puede poseer varias. De este modo se dividen y se reparten los riesgos. Estas partes, a las que se llama *partes, suertes* o *loca,* son una mercancía que se puede vender, hipotecar, dar en *commenda* o ingresar en el capital de una asociación.

Los seguros

Todavía más importante es el desarrollo de los métodos de seguros. Su crecimiento es confuso. El término *securitas,* que primitivamente designa un salvoconducto, parece –hacia finales del siglo XII a lo sumo– referirse a una especie de contrato de seguro mediante el cual los mercaderes confían *(locant)* mercancías a alguien que, a cambio de cierta suma satisfecha en concepto de *securitas,* se compromete a entregar las mercancías en determinado lugar. Hasta los siglos XIV y XV no se divulgan los verdaderos contratos de seguro, en los que no cabe duda de que los aseguradores son distintos de los propietarios de la nave. Algunas «compañías», como por ejemplo la del gran mercader pisano Francesco di Marco da Prato, a finales del siglo XIV, incluso se especializan en tales operaciones. Éste es el texto de un memorándum con fecha de 3 de agosto de 1384, sacado de uno de sus registros que lleva por título «He aquí un registro de Francesco di Prato y Compañía, residente en Pisa, en el cual anotaremos todos los seguros que haremos por cuenta ajena. Que Dios nos conceda sacar beneficios de ellos y nos proteja de peligros»:

> Aseguramos a Baldo Ridolfi y Cía. por 100 florines de oro de lana cargados en la nave de Bartolomeo Vitale en tránsito de Peñíscola a Porto Pisano. De estos 100 florines que

aseguramos contra todo riesgo, recibimos 4 florines de oro contante, como atestigua un acta de puño y letra de Gherardo d'Ormauno que hemos contrafirmado.

Más abajo consta:

La susodicha nave ha llegado a buen puerto a Porto Pisano el 4 de agosto de 1384, y quedamos libres de los citados riesgos.

La letra de cambio

Otros adelantos de la técnica –ampliamente difundidos más allá del ámbito marítimo– proporcionan al mismo tiempo nuevas posibilidades al mercader, y extienden y complican sus negocios.

El primero, el más importante, es el uso de la letra de cambio. Si bien su nacimiento sigue siendo discutido, sus características y su función son en la actualidad bien conocidas gracias a los estupendos trabajos de R. de Roover. Es necesario que ante todo situemos el éxito de la letra de cambio en el marco de la evolución monetaria.

Durante la Alta Edad Media la tendencia a la economía cerrada y la escasa amplitud de los intercambios internacionales reducen el cometido de la moneda. En Europa las monedas extranjeras –el *numisma* bizantino (llamado por ello *hiperpere* y *besante* en Occidente) y los *dinares* árabes– desempeñan un cometido preponderante en el comercio internacional. En la Europa cristiana, a partir de la época carolingia, aunque hay un intento de retorno a la acuñación del oro, el patrón monetario es la plata, representado sobre todo por el *dinero,* aunque también entonces el *dirhem* musulmán ocupa indudablemente un lugar de primer orden.

En el siglo XII todo cambia con el desarrollo de la revolución comercial. Occidente reanuda la acuñación del oro. A partir del año 1252 Génova acuña regularmente dineros de oro, y Florencia sus famosos florines; a partir de 1266 Francia tiene sus primeros escudos de oro; a partir de 1284 Venecia tiene sus ducados; en la primera mitad del siglo XIV Flandes, Castilla, Bohemia e Inglaterra siguen el movimiento.

Desde este momento en los pagos comerciales el problema del cambio pasa a un primer plano. En este aspecto —y evidentemente además de la diversidad de las monedas— hay que tener en cuenta:

a) La existencia de dos patrones en cierto modo paralelos: el oro y la plata.

b) El precio de los metales preciosos: este precio experimenta un alza en los siglos XIV y XV, que según los períodos afecta desigualmente al oro y a la plata pero que es la manifestación —frente a las crecientes necesidades del comercio y a la imposibilidad de aumentar al mismo ritmo el número de especies metálicas en circulación como consecuencia del estancamiento o del declive de las minas europeas y de la lentificación del aprovisionamiento de metales preciosos de procedencia africana— del fenómeno del «hambre monetaria» en el cual tenemos que situar la actividad de los mercaderes de finales de la Edad Media; hambre de oro sobre todo cuando la plata vuelve a ser relativamente abundante con la explotación de nuevas minas en la Alemania central y meridional hacia mediados del siglo xv y que, como es sabido, será uno de los principales motores de los grandes descubrimientos.

c) La actuación de las autoridades políticas. Efectivamente, el valor de las monedas está en manos de los gobiernos, que pueden hacer variar el pie de la moneda, es decir, su peso, su título o su valor nominal: las piezas no llevan ninguna indicación de valor, sino que éste lo fijan las autoridades públicas que las acuñan, evaluando las monedas reales en moneda contable ficticia y generalmente expresada en libras, sueldos y dineros, derivados de un sistema tomado como patrón, por ejemplo a partir del dinero tornés o dinero parisiense en Francia, o también del dinero de grueso en Flandes. Príncipes y ciudades pueden así proceder a «reconversiones monetarias», «mutaciones» o devaluaciones o «reforzamientos» o revaluaciones. Unos riesgos que a menudo los mercaderes no pueden prever[2].

d) Unas variaciones estacionales del mercado de la plata. La existencia de ciclos económicos, de fluctuaciones periódicas en ondas largas y cortas, como las que han sido reconocidas para la era moderna, son difíciles de descubrir en la Edad Media debido a la falta de datos estadísticos –a pesar de que historiadores como Carlo M. Cipolla hayan creído poder determinar algunas–. En cualquier caso es indudable que el mercader medieval no tiene conciencia de ello, y no se preocupa. Por el con-

---

2. Para una exposición detallada véase M. Bloch, *Esquisse d'une histoire monétaire de l'Europe*, 1954.

trario, las variaciones estacionales del curso de la plata en las principales plazas europeas –entre otras causas, debidas a las ferias, a las fechas de las recolecciones y de las llegadas y salidas de convoyes, a los hábitos de financiación y de tesorería de los gobiernos– son sensibles a los mercaderes medievales, que están muy atentos a ellas. A mediados del siglo XV un mercader veneciano anota:

> En Génova la plata es cara en septiembre, enero y abril, debido a la partida de las naves [...], en Roma o allí donde se halle el papa, el precio de la plata varía según el número de los beneficios vacantes y los desplazamientos del papa, que hacen subir el precio de la plata en cualquier parte donde esté [...] en Valencia es cara en julio y en agosto a causa del trigo y del arroz [...], en Montpellier se celebran tres ferias que son causa de que allí haya una gran carestía de la plata [...].

Éstos son los datos que el mercader tiene que tener en cuenta para soportar los riesgos y las ganancias a partir de los cuales, según sus posibilidades, puede llevar a cabo un sutil juego basado en la práctica de la letra de cambio.

El siguiente, según R. de Roover, es su principio y un ejemplo:

> La letra de cambio era «un convenio mediante el cual el "donante" [...] proporcionaba una suma de dinero al "tomador" [...] y recibía a cambio un compromiso pagadero a plazo (operación de crédito) pero en otro lugar y en otra

moneda (operación de cambio). Todo contrato de cambio engendraba pues una operación de crédito y una operación de cambio, ambas íntimamente vinculadas».

La siguiente es una letra de cambio sacada de los archivos de Francesco di Marco Datini da Prato:

+ En el nombre de Dios, el 18 diciembre 1399, pagaréis por esta primera letra «a la usanza» a Brunacio di Guido y C° [...] CCCCLXXII libras X sueldos de Barcelona, las cuales 472 libras 10 sueldos equivalentes a 900 ∇ [escudos] a 10 sueldos 6 dineros por ∇ [escudo] me han sido satisfechos aquí por Riccardo degl'Alberti y C°. Pagadlas en buena y debida forma y ponedlas a mi cuenta. Que Dios os guarde.

Ghuiglielmo Barberi,
Salud de Brujas.

De otra mano consta:

Aceptada el 12 enero 1399 [1400].

En el dorso se lee:

Francesco di Marco y C°, en Barcelona.
Primera [letra].

Se trata de una letra pagada en Barcelona por el *librado* –la sucursal en Barcelona de la firma Datini– al *beneficiario* –la firma Brunaccio di Guido también de Barcelona–, a petición del *librador* o *tomador* –Ghuiglielmo

Barberi, mercader italiano de Brujas– a quien el *donante* –la casa Riccardo degli Alberti en Brujas– ha pagado 900 escudos a 10 sueldos 6 dineros por escudo.

Ghuiglielmo Barberi, exportador de paños flamencos en relaciones regulares con Cataluña, se hace adelantar dinero en escudos de Flandes por la sucursal de Brujas de los Alberti, los poderosos mercaderes-banqueros florentinos. Anticipando sobre la venta de las mercancías que Ghuiglielmo Barberi ha expedido a su corresponsal de Barcelona, la casa Datini, saca de ésta una letra pagadera en Barcelona al corresponsal de los Alberti en esa plaza, la casa Brunaccio di Guido y Cº... Se trata evidentemente de una operación de crédito y de una operación de cambio. Este pago tiene lugar en Barcelona el 11 de febrero del año 1400, 30 días después de su aceptación, el 12 de enero de 1400. Esta demora es la «usanza», variable según las plazas –30 días entre Brujas y Barcelona–, que permite verificar la autenticidad de la letra de cambio y, si es necesario, procurarse dinero.

Así, la letra de cambio responde a cuatro deseos eventuales del mercader, le ofrece cuatro posibilidades:

a) Un medio de pago de una operación comercial.

b) Un medio de transferencia de fondos, y ello entre plazas que utilizan monedas diferentes.

c) Una fuente de crédito.

d) Un beneficio financiero al jugar con las diferencias y las variaciones de cambio en las distintas plazas en el marco que hemos definido anteriormente. En efecto, al margen de las operaciones comerciales, entre dos o más a menudo tres plazas podía haber un comercio de las letras de cambio. Este mercado de los cambios, muy activo en los siglos XIV y XV, fue escenario de vastas especulaciones.

No obstante, observemos que el mercader medieval ignora sin duda dos prácticas que se desarrollarían en tiempos modernos: la del endoso y la del descuento, aunque las recientes investigaciones de Federigo Melis permiten descubrir ejemplos de endoso, en el ámbito mediterráneo, a partir de los primeros años del siglo XVI y que casos parecidos que datan del siglo XV se hallan quizás en el dominio hanseático para el caso de obligaciones –simples órdenes de pago–.

La contabilidad

Es evidente que semejantes operaciones tienen que ir al unísono con los adelantos de conjunto de la contabilidad. La teneduría de los libros comerciales se vuelve más escrupulosa, los métodos más simples, su lectura más fácil. Realmente resultan de una gran complejidad. La contabilidad se desparrama en numerosos registros: libros de las «sucursales», de «compras», de «ventas», de «materias primas», de «depósitos de terceros», de «obreros a domicilio» y, como ha señalado A. Sapori, el «libro secreto» en el que se consigna el texto de la asociación, la participación de los asociados en el capital, los datos que permiten calcular en cualquier momento la posición de estos asociados en la sociedad, el reparto de los beneficios y de las pérdidas. Este «libro secreto» es objeto de las principales preocupaciones y es el que mejor se ha conservado hasta nosotros.

Pero se extiende la costumbre de establecer un presupuesto. Pronto todas las grandes firmas cuentan con un doble juego de registros para las cuentas abiertas a sus corresponsales en el extranjero: *compto nostro* y *compto vostro,* equivalentes a nuestras cuentas corrientes y que hacen que las liquidaciones por compensación sean todavía más fáciles gracias a un simple juego de escrituras sin transferencia de numerario. Y sobre todo se desarrolla la contabilidad por partida doble, que se ha podido calificar de «revolución de la contabilidad».

Indudablemente estos progresos son desiguales según las regiones, y se ha llegado incluso a explicar el cuasimonopolio de los mercaderes y banqueros italianos de la Edad Media en una extensa área geográfica como resultado de su avance en materia de técnica comercial. Pero en el ámbito hanseático hallamos asimismo unos métodos que, a pesar de que sean algo diferentes y quizás un poco retardatarios dentro de la perspectiva de una evolución general única, también han demostrado la eficacia de lo que Fritz Rörig ha llamado igualmente una «supremacía intelectual». Observemos además que no hay que exagerar la superioridad germánica en materia de escritura y de contabilidad en el dominio nórdico. Los famosos manuscritos sobre *berestá* (corteza de abedul) descubiertos recientemente en Novgorod muestran que la escritura y el cálculo estaban más extendidos entre los autóctonos de lo que se venía creyendo[3]. Asimismo las

---

3. De hecho los métodos hanseáticos son los métodos normales, los más corrientes en Occidente, y en los siglos XIV y XV siguen siendo rudimentarios con respecto a los de las grandes compañías italianas.

técnicas italianas no han sido asimiladas antes del siglo XVI por los mercaderes de las ciudades atlánticas –bretones, rocheleses, bordeleses, «todo el arte de los cuales parece consistir en evitar al máximo recurrir al crédito en cualquiera de sus formas»–. Si bien Ph. Wolff ha descubierto una gran difusión del crédito entre los mercaderes tolosinos, ha insistido asimismo en el «carácter rudimentario» de sus procedimientos.

Así pues, en todas partes donde existe, el gran mercader-banquero sedentario reina ahora sobre todo un conjunto cuyos hilos maneja desde su oficina, su palacio o su casa.

En el extranjero le obedece todo un ejército de contables, de comisionados, de representantes y de empleados: los «factores».

Para recibir sus notificaciones, para darles órdenes, al margen de la contabilidad, el mercader-banquero está en el centro de una vasta correspondencia. Como sabe el precio del tiempo, la importancia que tiene para el éxito de un negocio conocer más pronto que la competencia la llegada de las naves o su naufragio, el estado de las cosechas –en una época en que los factores naturales son tan importantes y los cataclismos tan destructores–, los acontecimientos políticos y militares que pueden influir en el valor del dinero y de las mercancías, el mercader-banquero se entrega a una verdadera carrera de noticias. Pietro Sardella ha escrito un corto pero apasionante ensayo sobre el tema «Noticias y especulaciones en Venecia». Si hoy podemos seguir mejor al mercader en el trabajo, comprender cuál fue su actividad profesional, es gracias a la lectura de la abundante correspondencia comercial de la Edad Media que ha sido conservada, aunque hasta el presente solamente se ha publicado una pequeñísima parte.

Las categorías de mercaderes

Con esta extensión de los negocios aparecen transformaciones en el mundo de los mercaderes.

Así, el mercader flamenco itinerante que acudía a las ferias de la Champagne a llevar sus paños y de allí traía las especias ya no tiene por qué desplazarse ahora que las galeras de Génova y de Venecia llegan a Brujas a cargar y a descargar las mercancías, que los mercaderes italianos, los representantes y las sucursales de las grandes casas de Florencia, de Génova, de Luca, de Pisa se han instalado en Flandes y que compradores y vendedores tienen allí mismo contactos permanentes, como existían desde hacía tiempo en Florencia, donde Giovanni Villani destacaba ardientemente la inutilidad de las ferias, «puesto que en Florencia siempre hay mercado». Entonces el mercader flamenco se convierte a domicilio en un intermediario sedentario y pasivo: el agente. Él es quien acuerda los contactos entre los mercaderes extranjeros, arregla entre ellos operaciones comerciales y financieras, les proporciona alojamientos y almacenes y vive de las comisiones que aquéllos le pagan por todos estos servicios.

También tiene lugar una cierta especialización entre los hombres de negocios. Las categorías así formadas varían según las regiones, los países y las ciudades. Pero en el terreno del comercio de la plata podemos distinguir a grandes rasgos, como ha hecho R. de Roover para el caso de Brujas entre los lombardos, a los cambistas, que son los mercaderes-banqueros propiamente dichos.

Los lombardos o cahorsinos[4] son los prestamistas, los usureros que practican el préstamo de consumo a corto plazo. Por eso sus clientes son raramente grandes personajes, sino sobre todo gente de baja y mediana condición: clérigos, burgueses no mercaderes, nobles de segunda fila, campesinos. Las sumas que prestan «a dita» por uno o dos meses, a veces por tres o seis, no son para uso económico, sino que sirven para el consumo personal en un período difícil para el prestatario, que da en prenda objetos personales: vajilla, vestidos, herramientas, armas, etc. No por ello hay que pensar que estos lombardos tienen un poder económico limitado. Para responder a las necesidades de numerosos clientes y a los considerables costes que necesita su actividad, encabezan importantes capitales que reúnen por asociación familiar o gracias a los depósitos de terceros. En Brujas, a principios del siglo XV los cahorsinos tienen un gran edificio en el paseo de la parroquia de San Giles y uno más pequeño donde se alojan. Pero su horizonte es limitado. Por haber querido dedicarse a operaciones a gran escala, lombardos y cahorsinos de Brujas sufren una estrepitosa bancarrota en 1457. Por lo demás, como veremos, se ven entorpecidos en sus prácticas por ser el blanco de la hostilidad pública y privada sin posibilidad de ascenso social, salvo excepciones.

---

4. Nombres genéricos que probablemente no corresponden a ningún origen geográfico preciso.

Por debajo de los lombardos, los cambistas. Tienen su banco o mesa *(bancho, tavola)* al aire libre en una tienda abierta a la calle como la de todos los artesanos. Están agrupados para facilitar las operaciones de sus clientes, que en muchas ocasiones son comunes a varios de ellos. En Brujas tienen su mesa cerca de la Gran Plaza y del Gran Mercado de Paños, en Florencia sus *banchi in mercato* en el Mercado Viejo y el Mercado Nuevo, en Venecia sus *banchi di scritta* en el puente de Rialto, en Génova cerca de la Casa di San Giorgio.

El romance cortés de Galeran de Bretaña nos ha dejado una pintura viva de los cambistas de Metz hacia el año 1220:

> En sus mesas los ricos cambistas
> tienen ante sí sus monedas listas:
> Éste cambia, ése cuenta, aquél suspira,
> uno dice: «Es verdad», y otro: «¡Mentira!».
> Aquel borracho, por su deshonor,
> no verá, por dormir, la maravilla
> que contemplará quien está ojo avizor.
> Hay quien ofrece especias olorosas,
> quien vende piedras preciosas, oro,
> y objetos de plata de gran variedad.
> Otros tienen ante ellos gran tesoro
> exponente de su rentable actividad.

En primer lugar cumplen dos funciones tradicionales: el cambio de monedas (de donde proviene su nombre) y el comercio de los metales preciosos: son los principales proveedores de la moneda en metales preciosos, que reciben de su clientela en forma de lingotes o más a menudo de vajilla. Según las circunstancias también exportan estos metales preciosos, a pesar del monopolio teórico de los monederos. Gracias a estas operaciones, determinan el precio de los metales preciosos, ejercen una considerable influencia sobre sus fluctuaciones y tienden a dominar el mercado.

Pero a las viejas funciones han añadido otras nuevas: la aceptación de depósitos, reinversiones para préstamos. Se han convertido en banqueros. Por estos depósitos, por la aceptación de las cuentas al descubierto de sus principales clientes, por los préstamos, adelantos, inversiones, por las transferencias por un simple juego de escritura, son los auxiliares indispensables de los mercaderes y de la gente acomodada, todos los cuales tienen una cuenta en casa de un cambista: a finales del siglo XIV, uno de cada 35 o 40 habitantes de Brujas lo tiene, y el 80% de los clientes de los cambistas de esta ciudad tienen un balance de cuenta inferior a 50 libras flamencas. Encontramos a los cambistas en las altas esferas de la jerarquía social.

Pero en la cima se sitúan los que en Brujas también llaman cambistas, los que en Florencia poseen los *banchi grossi,* los mercaderes-banqueros propiamente dichos. Su actividad se ha mantenido sin especializarse. En el comercio de las mercancías de cualquier clase, efectuado con la exportación y la importación a escala internacional, reúnen una actividad financiera múltiple: comercio de las letras de cambio, aceptación de depósitos y operaciones de crédito, participación en varias «sociedades», práctica de los seguros. En muchas ocasiones incluso son también productores, «industriales» como los Médicis, que en Florencia poseen dos fábricas de paños y una fábrica de seda. Y Benedetto Zaccaria, quien en el siglo XIII desde Génova controla el mercado del alumbre, transportándolo en buques propios y utilizándolo en una tintorería que ha establecido, lleva a cabo un «fenómeno de integración».

Si en Venecia solamente son mayoristas que dejan para los más pequeños la venta al por menor, en otras partes a menudo poseen una tienda y a veces ni siquiera desprecian, como si fuesen simples lombardos, la práctica de la usura, el pequeño préstamo al consumo. Pero sus operaciones no las efectúan en la calle, *all'aperto,* sino *dentro,* en su casa, que a menudo es un palacio –donde está el *scrittoio,* la oficina que es el centro de sus extensos negocios–.

El ejemplo de Jacques Coeur es el de uno de los mayores hombres de negocios. M. Mollat, que estudia todas sus ramificaciones, ha esbozado ya su alcance tentacular: «Un mapa que reprodujera la distribución de sus intereses correspondería a un mapa económico de Francia a mediados del siglo XV». Por todas partes tiene bienes inmobiliarios: dominios territoriales, asignaciones de rentas de bienes raíces, ricas mansiones particulares en Brujas, Saint Pourcain, Tours, Lyon, Montpellier. A sus negocios ha sumado toda suerte de especulaciones: arrendamientos de impuestos y de gabelas, rescates de prisioneros ingleses. Si bien el ámbito de sus navíos mercantes es primordialmente el Mediterráneo, los tiene también en el Atlántico, el canal de la Mancha, el mar del Norte, sin contar los ríos: Loira, Ródano, Sena. «Ningún objeto susceptible de tráfico le ha dejado indiferente.» Las cuberterías de plata, guardamuebles y depósito real que dirige son su mejor cliente. Tanto a la casa real como a muchos otros les vende lanas, paños, telas, cueros, pieles, sal, especias, objetos de arte. Suministra a los ejércitos del rey arneses y armas. Tiene intereses en Florencia, en España, en Brujas. Después de su desgracia y de su evasión se refugia junto al Papado, esa gran potencia económica, y muere en Quíos, el vasto emporio genovés.

¿Ha sido el mercader medieval un capitalista?

Es evidente que hoy, cuando conocemos mucho mejor al mercader-banquero medieval, ya no es posible aceptar la célebre tesis de Werner Sombart según la cual el gran capitalista ha nacido en la Edad Moderna, en el siglo XVI, con el Renacimiento y la Reforma.

Sin duda es preferible considerar al gran mercader medieval como un precapitalista. Según una definición estricta del capitalismo, tal como la ofrece la doctrina marxista, la Edad Media desconoció el capitalismo. Su sistema económico y social es el feudalismo, y los *mercatores* actúan dentro de este marco. Pero también contribuyen a romper este marco, a derrumbar las estructuras feudales. Al actuar, como veremos, sobre una evolución agrícola activada por la intrusión de los capitales urbanos –por lo menos en regiones como Italia o Flandes–, precipitada por la expansión de una economía mundial *(Weltwirtschaft)* que tiene profundas repercusiones en los precios agrícolas e industriales, los grandes mercaderes preparan el advenimiento del capitalismo. En la expropiación de la propiedad territorial a las clases rurales, principalmente en Inglaterra –evolución en la que han tomado parte los mercaderes–, E. A. Kosminsky ha creído ver la fuente de la «acumulación primitiva» del capital. Ya el gran mercader medieval inicia la concentración de los medios de producción en manos privadas, acelera el proceso de alienación del trabajo de los obreros y de los campesinos transformados en asalariados. Y algunos historiadores marxistas, como V. I. Ruthenburg, al estudiar las compañías florentinas del siglo XIV, no han dudado en reconocer en ellas los inicios del capitalismo en el sentido riguroso del término. Incluso un historiador como František Graus, que se niega a hablar de capitalistas en la Edad Media, reconoce que existen elementos de capitalismo y que en Italia incluso hay más. Este autor tiene razón cuando protesta contra unos conceptos anticientíficos y antihistóricos que reivindican un «capitalismo eterno» y pide la prioridad del estudio de las estructuras sobre el de las mentalidades. Cita asimismo a Marx, según el cual «las corporaciones medievales tendían poderosamente a impedir la transformación del maestro artesano en capitalista al limitar a un máximo muy bajo el número de obreros que podía emplear cada maestro –el poseedor de capitales o de mercancías solamente se transforma en capitalista cuando los mínimos fijados a la producción superan ampliamente el máximo medieval–». Pero aquí el autor de *El Capital,* tributario de los conocimientos históricos de su época, no distinguía artesanos de grandes mercaderes, quienes poco se preocupaban, como veremos, de los reglamentos de las corporaciones, y subvaloraba considerablemente el alcance cualitativo y cuantitativo de su influencia económica y social.

Bien es verdad que no hay que olvidar que la economía medieval es fundamentalmente rural, que en las ciudades predomina el artesanado, que los grandes negocios no son más que una capa superficial, pero por la masa de dinero que maneja, por lo dilatado de sus horizontes geográficos y económicos, por sus métodos comerciales y financieros, el mercader-banquero medieval es un capitalista. Lo es asimismo por su espíritu, por su género de vida, por el lugar que ocupa en la sociedad.

2. El papel social y político

Mercaderes y ciudades

Sean cuales fueren los orígenes de los grandes mercaderes medievales, una cosa es cierta: su poderío económico está vinculado al desarrollo de las ciudades, centros de sus negocios. Es también en el marco urbano donde establecen su dominio social, su poder político —consecuencia y testimonio de su poder económico—. A pesar de que esta evolución no haya seguido el mismo ritmo, no haya conocido un perfecto sincronismo y haya revestido formas diferentes, podemos decir que en el siglo XIII las ciudades están dominadas política y socialmente por los grandes mercaderes. No hay duda de que el progreso municipal no se confunde con el desarrollo de esta clase —a pesar de que, por ejemplo en Génova, la asociación de los hombres de negocios, la *compagna,* se convierta en la municipalidad ya en el año 1099, y que en el ámbito alemán el Consejo *(Rat)* se identifique con los grandes mercaderes–, pero ha representado en él un cometido capital, es su principal beneficiaria. La clase de los mercaderes ha llegado a tales resultados a través de las relaciones complejas con las otras clases y con las otras categorías sociales: nobleza, artesanos, obreros, campesinos (sin contar a la Iglesia, de la que trataremos en el capítulo siguiente, y a las autoridades políticas superiores, señores y monarcas).

I. Papel social de los grandes mercaderes

Mercaderes y nobles

Con respecto a la nobleza, ha habido luchas, eliminaciones o asimilaciones.

En Florencia la lucha entre los nobles de rancio abolengo, los *magnati,* y los *popolani* agrupados en las corporaciones *(Arti)* en las que dominan los grandes mercaderes parece terminar en 1293 con las Ordenanzas de Justicia. Los miembros de 147 familias de *magnati* quedan excluidos de las funciones oficiales e incluso son castigados con un régimen penal excepcional. Pero entre estas familias las hay de comerciantes ya convertidos en caballeros. Estas medidas representan tanto la lucha de una nueva capa de mercaderes contra otra antigua como la victoria de la burguesía de negociantes contra la nobleza de los terratenientes –tan difícil es establecer la distinción entre ambas–.

En ocasiones la nobleza, cuyo debilitamiento está relacionado con el declive de la economía rural de tipo feudal, se mantiene voluntariamente apartada de las actividades económicas que constituyen la fuerza de la clase mercantil, como en Francia y en España, donde los nobles renuncian al comercio, que entraña jurídicamente la pérdida de sus privilegios y la renuncia a su «orden»: a pesar de los esfuerzos de Luis XI, supone la «degradación».

Pero a menudo los nobles buscan participar en estas nuevas fuentes de beneficios, emplean capitales en el comercio o se dedican personalmente a los negocios y a la banca. Éste es particularmente el caso de muchos nobles italianos cuya adaptación se ve facilitada por el hecho de que muchos de ellos viven en las ciudades, pues el fenómeno urbano, a pesar de su decadencia en la Alta Edad Media, tiene en Italia una continuidad entre la Antigüedad y el período medieval. Cuando las ciudades se desarrollan, muchos nobles que viven en el campo se instalan en ellas.

Estos nobles se infiltran en la nueva clase mercantil y ello a veces incluso da como resultado el nacimiento de una aristocracia en la que se confunden los viejos feudales, los viejos funcionarios señoriales y reales, y los nuevos ricos. Esto es lo que destacan los magníficos estudios de André Sayous y de Roberto López para el caso de Génova, y los interesantes trabajos de Gino Luzzatto para el caso de Venecia. Se ha dicho que en Venecia «los dux son mercaderes, y los mercaderes son almirantes».

En cualquier caso, incluso allí donde la nueva clase mercantil es burguesa, plebeya, «popular», y tiene que conquistar su rango social y su poder político contra la nobleza feudal, la oposición entre ella y la vieja aristocracia se atenúa considerablemente en los siglos XIV y XV principalmente bajo el efecto de una doble evolución.

La primera tiende a apartar a la rica burguesía mercantil de las clases populares urbanas de la que se ha servido en su conquista del poder y la empieza a temer cuando aquéllas pretenden limitar o destruir su dominación económica y social al mismo tiempo que su hegemonía política. Como sea que para los mercaderes la clase peligrosa ya no se halla encima de ellos, sino debajo, dan un giro hacia lo que queda de la vieja nobleza para aliarse con ella. Así ocurre por ejemplo en Florencia, donde después de la revolución proletaria de los Ciompi, a finales del siglo XIV, los grandes mercaderes restablecen a los viejos nobles en el gobierno de la ciudad.

La segunda arrastra desde muy temprano a los ricos mercaderes a ingresar en la nobleza. En efecto, esta tendencia se dibuja muy pronto a través de diversos procesos.

A veces el mercader busca el acceso a la vieja nobleza a través del matrimonio. Un cronista florentino del siglo XIII escribe: «Todos los días vemos a plebeyos riquísimos que quieren esposar con una mujer pobre pero noble».

Otras veces el mercader, por su género de vida, se codea con la nobleza y pronto es considerado un miembro suyo. Más adelante lo veremos en su palacio, participando en los torneos. Los Peruzzi, célebres mercaderes-banqueros de Florencia que jurídicamente pertenecen al *popolo,* llevan espuelas y se comportan como caballeros. A un cambista de Brujas, Evrard Gœderic, le llaman sire, y a su esposa, miseñora; es comandante de la milicia urbana y combate a caballo. Hablando de los Cancellini de Pistoia, dice Villani: «No son de viejo linaje, pero gracias a sus riquezas todos ellos se convierten en caballeros, hombres de valía y hombres de bien». He aquí una bonita yuxtaposición de términos nobles y de vocabulario burgués.

Todavía más a menudo el mercader compra tierras, un dominio feudal que –por lo menos al principio– más que una buena inversión representa la ocasión para un ascenso social y el ingreso en la nobleza.

Allí donde subsiste o se desarrolla un poder principesco o monárquico, piedra angular del sistema social, los mercaderes mendigan y compran, a porfía, junto con las propiedades señoriales, las cartas de nobleza. Un reciente estudio ha señalado lo mismo también en el caso de los Jossard, ricos burgueses de Lyon.

A finales de la Edad Media, cuando numerosas familias de mercaderes abandonan los negocios como consecuencia de dificultades que hacen que busquen preferentemente las inversiones inmobiliarias y de bienes raíces, o por el atractivo de una vida de rentista más seductora que las tareas del comercio, cuando la constitución de monarquías centralizadas les ofrece nuevas salidas, el rico burgués mercader se muda todavía más cómodamente en aristócrata rentista, en nobleza de toga o de funcionariado.

Dibujemos brevemente la curva esquemática de la evolución de dos burguesías francesas.

En Toulouse, Ph. Wolff ha contado el ascenso de los Ysalguier. Estos mercaderes se alían pronto con la nobleza rural ya sea gracias a la compra de propiedades o por una «política matrimonial» bien dirigida. Luego se transforman en soldados y sobre todo en agentes reales al mismo tiempo que desempeñan funciones municipales como capitanes. «Después de 1380 la evolución de la familia parece concluida. Ya ningún Ysalguier se dedica al comercio ni al cambio.» Pero en período de crisis feudal estos nuevos nobles comparten el declive de los viejos señores. «El mercader tiende por naturaleza hacia la nobleza. Pero la nobleza significa la mayoría de las veces una mediocridad, que no carece de honor ni de valentía... pero es a fin de cuentas una mediocridad.»

En Lille el doctor Feuchère ha distinguido seis fases de evolución de la burguesía entre los siglos XIII y XIV:

1. La fortuna. Venidos de la tierra, los futuros burgueses se instalan en la ciudad, se convierten en tenderos. Sus hijos o sus nietos incrementan sus riquezas y se hacen conceder la burguesía.

2. La regiduría. Consiguen cargos municipales y participan en la dirección política de la ciudad.

3. Los feudos territoriales. Los adquieren por compra o a través del matrimonio.

4. La nobleza. Hacen que se la otorguen los príncipes como recompensa a los servicios prestados. Carlos VI, por ejemplo, ennoblece en 1391 a Guillaume de Torremonde.

5. La nobleza de toga. Durante el período borgoñón se convierten en oficiales principescos, lo cual confiere carta de nobleza a quienes todavía no la habían recibido.

6. Finalmente pueden acceder a la nobleza militar y convertirse en caballeros.

En el inicio existe el intercambio y el negocio de los paños. A partir de la cuarta fase ya no hay comercio. Únicamente una decena de familias alcanzan las fases quinta y sexta.

Así pues, salvo durante el corto período de lucha violenta contra las obligaciones feudales de la Alta Edad Media, entre el mercader y el noble no hubo ningún profundo antagonismo. Casi por doquier un doble movimiento inverso pero convergente de aburguesamiento y de ennoblecimiento ha conducido a unos hacia los otros.

En definitiva, cuando la ha habido, la lucha ha tenido lugar sobre todo entre la vieja y la nueva nobleza, siendo ésta resultado de la fusión de las dos categorías de comerciantes: la de origen noble y la de origen burgués.

Mercaderes y clases populares urbanas

No obstante, en muchas ciudades los mercaderes han seguido siendo «pueblo». Pero sería un error creer que éste está constituido por una sola clase. Los ricos mercaderes y banqueros forman en ella una categoría aparte, que durante mucho tiempo es la dominante.

Sobre la distinción entre estos mercaderes y el mundo de los artesanos es necesario citar la profunda y brillante página de Armando Sapori referente a «la coexistencia de dos mundos»:

> Por un lado el mundo tradicional, y por consiguiente esencialmente medieval, con su típica organización de los oficios [...]. Es el mundo de los maestros y de los aprendices, el mundo de los innumerables talleres en los que una multitud humilde de artesanos, casi siempre analfabetos e incultos, trabajan para un mercado circunscrito a los límites de una

2. El papel social y político

ciudad o de un barrio, empleando como medio de intercambio la moneda de los *piccoli* [...].

Por otro lado, junto a este pequeño mundo vive un mundo de vanguardia: la organización de las compañías de comercio internacional, dueñas de ricos almacenes en los que se apilan las mercancías más preciosas y donde unos hombres provistos de una larga experiencia y de una cultura curiosa y variada, unos hombres con visión valiente y ambiciones desenfrenadas, tratan de los asuntos comerciales y financieros con los principales centros económicos de los países ultramontanos y ultramarinos, desembolsando a raudales los florines de oro y la moneda corriente de todos los países del mundo.

Estos dos mundos están organizados igualmente sobre la doble base de las leyes morales de la Iglesia y de las leyes jurídicas de la ciudad y de las «artes». No debemos pues sorprendernos si los hombres estudiosos que como fuentes únicamente han consultado los «estatutos» han llegado a la visión y a la comprensión de un solo mundo: el de las corporaciones. Sin embargo, mientras que para los artesanos estas leyes son realmente obligatorias –lo que les hace plenamente eficaces y les permite frenar eventuales iniciativas, llevando a un mismo nivel cualquier tren de vida y cualquier actividad–, para los grandes comerciantes tienen un valor mucho más formal que sustancial. Establecidas en última instancia por los hombres que desempeñan un cometido preponderante en la política de los municipios y la economía de las corporaciones –a pesar del complicado mecanismo de los consejos, de los votos y de los sorteos–, estas leyes solamente representan para estos seres privilegiados unas pantallas providenciales, al amparo de las cuales pueden ejercer una actividad que les lleva sin riesgos hacia sus propios fines.

Por otro lado, si acaso encuentran un obstáculo en alguna de estas leyes que ellos mismos han redactado con extrema habilidad, y si entonces les es imposible encubrir o justificar un acto de violación, suprimen el obstáculo con tanta audacia como habilidad, lo cual, por lo demás, no es ningún procedimiento particular de la Edad Media [...]. Pero si interpretamos al pie de la letra la ley estatutaria y si pensamos que todos los hombres son iguales ante ella, no es posible explicar la formación de las fabulosas riquezas, de los monopolios y de los *trusts*, en una palabra, esta organización económica que nada tiene que envidiar a la que más tarde los historiadores y los economistas, de común acuerdo, han llamado «la organización del capital».

Sin hablar de las ciudades que no conocieron las corporaciones —como Génova— o que las vieron establecerse tardíamente en el siglo XV —como Lyon y Poitiers—, allí donde se instaura un régimen corporativo no solamente no estorba a los grandes mercaderes, sino que representa de tal manera para ellos uno de los medios de su dominación sobre el mundo del artesanado, que éste acaba por no gozar siquiera de una «coexistencia» en la que no obstante había ocupado un modesto lugar.

En Florencia, por ejemplo, la gran distinción entre *Popolo grosso* y *Popolo minuto* define la división de las corporaciones o «Artes» entre «Artes mayores», que incluyen a los ricos mercaderes, y «Artes menores», formadas por los artesanos. Todavía más, entre las 21 artes florentinas, casi nunca la preeminencia se limita solamente a las 11 Artes mayores, sino a las cinco primeras, que incluyen sólo a los hombres de negocios con un radio de acción internacional: las Artes de Calimala (es decir, grandes importadores-exportadores), del cambio, de la lana, de Por Santa María (es decir, la seda), de los Médicos, Especieros y Merceros reunidos en un solo «Arte» que comercia con todos los productos llamados «especias», de los que un manual de la época enumera 288 diferentes. El dominio económico y político ejercido en Florencia por estas cinco Artes y que se manifiesta en el cometido del Tribunal Comercial de la Mercanzia que es su emanación a partir del año 1308 ha sido estudiado por Armand Grunzweig, quien ha demostrado inequívocamente las luchas entabladas alrededor de la Mercanzia por los tenderos y artesanos de las Artes menores, primordialmente para la anulación o la congelación de las deudas que los artesanos tienen contraídas con los mercaderes-banqueros.

Todavía más acusado es, naturalmente, el dominio de estos últimos sobre los obreros, principalmente en las dos regiones de las que se puede hablar en la Edad Media de proletariado obrero relacionado con la existencia de una gran industria de tipo capitalista: la industria textil de Flandes y las industrias textiles y navales de la Italia central y septentrional. Por otro lado, muy a menudo artesanos y obreros se hallan enfrentados al mercader-banquero en un mismo nivel de subordinación económica, y por ejemplo en los siglos XIV y XV asistimos en Florencia a la proletarización de los pequeños artesanos.

Los medios de presión y de opresión de los mercaderes sobre estas categorías sociales son numerosos y potentes.

Intentemos mostrarlos a través del ejemplo de Sire Jehan Boinebroke, mercader-pañero de Douai a finales del siglo XIII.

Toda una serie de documentos excepcionales que han llegado hasta nosotros y que Georges Espinas ha editado y comentado en un extraordinario libro nos ilustran acerca de las relaciones entre este mercader y todo un conjunto de «empleados» y «agradecidos» suyos, humildes vecinos, deudores, proveedores, domésticos, obreros, pequeños patronos y empleados «que trabajan en su empresa lanera o para ella». Sus herederos, ejecutando una cláusula de su testamento, en la cual promete reparación a las personas a las que había perjudicado en su vida, se atreven a reclamar, y lo que ahora poseemos es el texto de tales reclamaciones acompañadas de un cierto número de documentos justificativos.

A la gente humilde la tiene sujeta en primer lugar por su poderío económico. Boinebroke *posee el dinero* y exige de sus deudores la devolución antes del vencimiento, por las fianzas indebidas de las que se incautó a la fuerza exige sumas muy superiores a las que le adeudan, incluso el triple de la deuda.

Boinebroke *posee el trabajo* y todos dependen de él para vivir: no solamente los obreros a los que emplea por su cuenta en su casa o a domicilio, sino asimismo los pequeños artesanos, cuyas herramientas a menudo son de su propiedad, que no pueden proveerse de materias primas si no es a través de él y no pueden vender los productos de su trabajo más que a él. Además, engaña sobre la calidad de las materias primas, sobre su peso, y cobra precios exorbitantes. Para los salarios o las compras «paga poco, paga mal o no paga», practica el *truck system,* el pago en especie.

2. El papel social y político

Boinebroke *posee la vivienda*. Al igual que la mayoría de los grandes mercaderes, es dueño de numerosas casas, interesante inversión porque, como aquéllos, en ellas alberga principalmente a sus obreros, clientes y proveedores. Alojados en una especie de ciudad obrera todavía muy embrionaria, también por esto dependen aún más de él. Incluso les proporciona intencionadamente un trabajo de un valor inferior al precio del alquiler para tenerlos más a su merced. «Podemos decir que en estos alojamientos se convertían en verdaderos presos del carcelero Boinebroke.» Por otra parte, la influencia de los grandes mercaderes sobre la propiedad urbana es considerable en todas partes. En Lübeck poseen los mejores solares de chaflanes de las principales calles, los silos y los almacenes del puerto y, en la ciudad, los edificios indispensables para las gentes de oficio: bodegas, hornos, el conjunto de las construcciones del mercado, que es el único punto donde los artesanos pueden vender e incluso producir, como los orfebres.

A estas gentes humildes Boinebroke también las aplasta bajo el peso de su poderío social. Con ellas lo mismo hace uso del desprecio que de la fuerza. Con las mujeres, a las que «desprecia visiblemente», utiliza preferentemente la ironía. A una tintorera de cuya mercancía se ha apoderado indebidamente le dice: «Comadre, id a trabajar a una lavandería, que buena falta os hace: ¡es lamentable veros en este estado!». Y como ella protesta, a pesar de que se ve forzada a aceptar, él añade: «Comadre, que yo sepa no os debo nada, pero os incluiré en mi testamento». Y Georges Espinas observa: «El patricio juega con su comadre, a la que arruina de palabra y obra, podríamos decir que lo mismo que el gato juega con el ratón al que acabará matando: se trata indiscutiblemente de la oposición de la omnipotencia y de la extrema impotencia».

Pero asimismo se muestra colérico, como en el caso de un inquilino que no obstante haber satisfecho su alquiler se niega a pagar más: «Y Sire Jehan se irritó por ello y le echó de su casa sin ley y sin juicio». En estos casos hace uso de la fuerza. A un campesino que –en un momento en que el precio de la granza está en alza– no quiere venderle las plantas que ya ha vendido a otro, Boinebroke se le presenta en el campo labriego con dos de sus obreros y «a la fuerza hace cosechar la granza y llevarla a su casa», con lo que el desgraciado campesino «se queda sin cosecha y sin dinero».

Frente a tanta arrogancia, ni siquiera después de la muerte de Boinebroke, ni siquiera con motivo de la investigación reparadora, se atreven los humildes interlocutores a sublevarse contra él.

Durante tanto tiempo y de tal manera les han oprimido que se abandonan a su suerte con toda naturalidad. Este sentimiento, que se ha mantenido durante toda la existencia del pañero, se ha hecho tan fuerte que persiste incluso después de su desaparición y les impide arriesgarse, si no es con cierta timidez, [...] a hacer públicas sus quejas. Este recuerdo tiránico del difunto parece planear y pesar todavía sobre ellos, y les frena y les aterroriza al mismo tiempo que permanecen dubitativos para expresar sus reclamaciones ante los ejecutores testamentarios del fallecido, en un ambiente que no es el suyo sino que, por el contrario, es aquel al que perteneció su opresor.

2. El papel social y político

No obstante, a veces las reacciones son violentas. A las huelgas y a los tumultos se suman verdaderos movimientos revolucionarios que hacen del XIV el siglo de las crisis sociales con episodios violentos, crisis complejas pero cuyo aspecto esencial reside en la insurrección de los artesanos y obreros explotados contra el gran mercader.

Pero entonces los insurrectos tropiezan con el último poder del gran mercader: su *poderío político*. Éste viene muy temprano a coronar el éxito comercial y la fortuna. Dueños de los municipios italianos, los mercaderes todavía lo son más del consejo urbano, del *Rat* de las ciudades alemanas, donde elaboran un derecho urbano que incluye el *jus mercatorum* primitivo. Este proceso lo hallamos incluso tardíamente. En el año 1433 Hans Popplau de Liegnitz se instala en Breslau. Su primo Andreas se asocia a él unos años más tarde. Ambos fundan una sociedad que mercadea con paños, arenques, aceites, especias, cueros y objetos de orfebrería, que adquieren en los Países Bajos y revenden en Baviera, en Austria, en Bohemia y en Polonia. Hans ingresa en el *Rat* de Breslau en 1446 y permanece en él hasta su muerte en 1456. En 1448 es burgomaestre. Su hijo Markus es miembro del *Rat* de 1483 a 1499 sin dejar de ocuparse de los negocios.

El propio Boinebroke es regidor de Douai por lo menos en nueve ocasiones. Sabemos que lo es precisamente en el año 1280, y que, junto con sus colegas pertenecientes a la misma clase que él, este año reprime «con cruel energía» una huelga revolucionaria de los tejedores.

La ley, que debería castigarle y vengar a sus víctimas, le salva, puesto que es él mismo quien la promulga y quien la aplica. Para comprenderlo jamás debemos separar la política y la economía, pues una permite y dirige a la otra, la cual a su vez la completa y la consolida; la legaliza y legaliza sus abusos.

¿Es Boinebroke una terrible excepción? Quisiéramos creerlo así, y es indudable que en él confluyen ciertos rasgos individuales de carácter que pueden hacer sobresalir determinadas actitudes, determinados comportamientos. Pero, tal como ha observado G. Espinas y como confirman demasiados documentos, se trata de un tipo característico de una categoría cuyo comportamiento social –basado en las estructuras económicas y políticas– fue singularmente feroz.

Mercaderes y campesinos

Si bien los contactos de los mercaderes con los campesinos son menos estrechos en conjunto que con las demás clases sociales, son no obstante más numerosos y más importantes de lo que podamos imaginar. En la Edad Media las ciudades y el campo no se hallan aislados unas de otros. Económica, demográfica y políticamente sus relaciones son un hecho capital. En las regiones muy urbanizadas, en las cuales los mercaderes pronto se han hecho poderosos, su acción sobre el campo pronto se deja sentir. Primero los mercaderes colaboran en la manumisión de los campesinos, puesto que a la vez es un medio de lucha contra los señores feudales, una ocasión

2. El papel social y político

de comprar tierras a los nobles que se ven privados de mano de obra, o a los campesinos, propietarios seducidos por el dinero que les ofrecen, y todavía más quizá –gracias a la emigración de los campesinos liberados hacia las ciudades– una ocasión de procurarse una mano de obra barata para la industria y el comercio.

También en determinadas regiones los mercaderes trastornan las condiciones de explotación y de vida de los campesinos. Gracias a los capitales pueden invertir en la tierra para mejorar las técnicas y para proceder, como en Flandes o como en las llanuras del Po, a grandes obras hidráulicas, a difundir los molinos. Gracias a su espíritu y a sus métodos comerciales los mercaderes pueden mejorar la producción, racionalizarla en cierta medida. Gracias a su orientación comercial y a sus reacciones ante la coyuntura económica pueden a veces proceder a una reconversión de los cultivos, remediando las crisis agrícolas: sustitución del cultivo por la ganadería para responder a las necesidades de la industria textil, como en Inglaterra o como en la región francesa de Metz; incremento del cultivo de la rubia para la tintorería, como en Flandes; luego, en los siglos XIV y XV, mejora del glasto o pastel, que por ejemplo los mercaderes tolosinos hacen cultivar en grandes zonas de la Gascuña; impulso dado en la península italiana por los mercaderes florentinos al cultivo de la morera cuando la seda del Turkestán llega con más dificultad. Los mercaderes están igualmente interesados en el avituallamiento de las ciudades que dominan políticamente. Protegen la agricultura; fomentan algunos cultivos, como la viña o los frutales. Uno de los célebres frescos de Ambrogio Lorenzetti en el Palacio Comunal de Siena representa los efectos que en el campo ha tenido el «buen gobierno» de la burguesía negociante.

Pero no vaya a creerse que de estos contactos los campesinos solamente han sacado provecho. Únicamente se benefician del apoyo de los mercaderes tras firmar con ellos entre sí unos contratos que, a cambio de capitales, de cabezas de ganado, de herramientas o de simientes, no solamente les imponen obligaciones generadoras de progreso como manumisiones, explotación de bosques o construcción de edificios, sino que dejan en manos del mercader, proveedor de fondos, la mayor parte de las ganancias. Según J. Schneider, en el campo de la región de Metz los campesinos de las propiedades burguesas han ganado «la libertad personal pero a cambio de la dependencia económica».

Cuando a partir del siglo XIV la crisis económica afecta más particularmente al campo, la actitud de los mercaderes frente a los campesinos que dependen de ellos se endurece, con mayor razón debido a que aumenta el repliegue de los capitales mercantiles sobre la tierra. No cabe duda de que ya precozmente los mercaderes adquieren bienes raíces, signo y fuente tradicionales de riqueza y de consideración. Pero este movimiento se acelera a partir del siglo XIV acentuando la tendencia que tienen ciertos grandes mercaderes a convertirse en rentistas. Son conocidas las célebres casas de campo de los Médicis, que no solamente son lujosas villas de residencia sino también centros de explotación. Posiblemente sea en el seno de la familia de los Alberti desde donde podamos seguir mejor una verdadera ruralización que en el siglo XV inspira a un miembro de la familia —el famoso Leon Battista— toda una serie de reglas económicas y éticas.

Al mismo tiempo, sobre todo en la industria textil, los mercaderes buscan más que anteriormente en el campo una mano de obra barata. La industria textil marsellesa proporciona igualmente trabajo, además de a la región de Provenza, a la región de Lyon, a la Bresse e incluso a la región de Chartres. Mientras que los mercaderes de los viejos centros textiles urbanos como Gante se esfuerzan por todos los medios, incluida la fuerza, por oponerse al desarrollo de esta industria competidora, los mercaderes de nuevos centros construyen sobre ella su fortuna, pero sometiendo estrechamente a la mano de obra campesina. En la península italiana las cláusulas de los contratos de arrendamiento se vuelven más draconianas; se desarrolla un asalariado agrícola en condiciones de vida más miserables; la situación de los pequeños campesinos se agrava y asistimos incluso, por parte de los mercaderes terratenientes, a una verdadera reacción que, reanimando los cánones señoriales, tiende a volver a los campesinos al estado servil. Este movimiento va acompañado de un desprecio creciente hacia los *rustici*, muchos de cuyos ecos hallamos en la literatura del siglo XV inspirada por la burguesía mercantil.

II. Aspectos del dominio político de la burguesía mercantil

Fundamentada en el dinero, en su red de negocios y en el poder político en las ciudades, la burguesía mercantil constituye así en la Edad Media una verdadera clase, dotada de un espíritu de clase, del cual Y. Renouard ha dicho, refiriéndose a Florencia, que «se trata de un régimen clasista establecido por el dominio político de los hombres de negocios». Esta clase –a pesar de las reservas expresadas por eminentes historiadores contrarios a este término– merece ser llamada el patriciado. Escribe J. Lestocquoy:

> ¿Qué es este patriciado? Es una clase social cuyos perfiles no han recibido una confirmación jurídica, pues no hay que confundir a estos grupos de hombres tan cerrados con la burguesía. Se trata de una fracción de la burguesía, a menudo la más rica pero sobre todo la más poderosa por su influencia en el gobierno de la ciudad. Esta clase social únicamente adquiere toda su preponderancia en las ciudades en las que la industria y el gran comercio ofrecen posibilidades de enriquecimiento casi ilimitadas.

No cabe duda de que el apogeo del patriciado se sitúa en el siglo XIII, y en los siglos siguientes, bajo el choque de las crisis económicas, a veces una evolución social y política impone unos límites a la omnipotencia de los patricios.

En realidad los movimientos revolucionarios urbanos no son más que breves llamas pronto apagadas, y las clases medias de los artesanos llegan muchas veces a compartir con los grandes mercaderes el poder político en las ciudades.

Entre los motivos que sublevan al pueblo llano contra la tiranía patricia a los gritos de «¡Abajo los ricos!», al

2. El papel social y político

lado de las reacciones de la miseria que levantan a los «uñas azules» contra los mercaderes capitalistas, hay que subrayar los resentimientos hacia la gestión de las finanzas urbanas por parte de los patricios.

Los patricios en el poder dictan los impuestos. Por este solo hecho están ya abocados a la impopularidad. Pero ésta llega al colmo porque, una vez dictados, se eximen de ellos y hacen recaer su carga sobre los más pobres. Un célebre texto de Beaumanoir en sus famosas *Coutumes du Beauvaisis* lo dice claramente:

> En las ciudades de comuna se elevan multitud de reclamaciones con motivo de la talla, pues suele suceder que los ricos que gobiernan los asuntos de la ciudad declaran menos de lo que deberían, ellos y sus familiares, y hacen que los demás grandes ricos gocen de las mismas ventajas, y así todo el peso recae en el conjunto de la gente más pobre.

El fraude fiscal es de tal magnitud que por doquier estallan escándalos, como en la ciudad francesa de Arrás, donde un miembro de la famosa familia de los Crespin, los banqueros, ¡«olvidó» declarar 20.000 libras!

Más aún: el fraude fiscal va acompañado de la malversación del erario público, una parte del cual pasa a llenar las arcas de los grandes mercaderes. Las ciudades contraen deudas, llegando incluso a la bancarrota, como Noyon. Vemos que en el año 1343 los famosos Bardi y Peruzzi intentan en Florencia apoderarse del poder para evitar la bancarrota de sus casas, y en un momento de dificultad el Magnífico no duda en sacar dinero de la caja comunal para la dote de las jóvenes pobres.

Los mercaderes «demócratas»

Lo más curioso es posiblemente el cometido que, en los movimientos «democráticos» e incluso claramente revolucionarios, desempeñan algunos grandes mercaderes, algunos miembros del patriciado. Dos ejemplos célebres de ello son Jacques van Artevelde y Étienne Marcel.

Preboste de los mercaderes parisienses, Étienne Marcel pertenece a una de las mayores y más ricas familias de pañeros de la ciudad. Su oposición a la política real es al principio la de los miembros de su clase, hostiles a la nobleza feudal que rodea a la realeza, a los oficiales de la monarquía que pretenden controlar los negocios de los mercaderes. Se aprovecha de la derrota de Poitiers, de la regencia del joven delfín Carlos para intentar que el París revolucionado imponga las condiciones de la burguesía al regente y a sus consejeros. Se trata principalmente de disminuir las cargas fiscales que pesan sobre las ciudades. Pero para dominar París es necesario apoyarse en el pueblo parisiense, en el «común». Cuando estalla *la jacquerie* no quiere comprometerse con este movimiento revolucionario rural y lo abandona a su suerte. Pero también él, arrastrado por las consecuencias de su toma de posición, al mismo tiempo que sueña en una revolución política que sustituya a la monarquía de los Valois por la dinastía de Navarra en la persona de Carlos el Malo, se va convirtiendo progresivamente en el portavoz del común. También él es barrido por una reacción de las clases dirigentes que sacan provecho, si no de la complicidad, por lo menos sí de la pasividad de las clases populares, que no están dispuestas a apoyar hasta las últimas consecuencias a un tribuno que no es verdaderamente de los suyos. Y también él es asesinado, el 31 de julio de 1358.

El odio de los patricios hacia estos mercaderes «demócratas» parece que lo legaron a los historiadores, quienes a menudo los han considerado unos simples «agitadores». Así los han pintado los cronistas «reaccionarios» de su época. Según el patricio florentino Villani, Artevelde fue un individuo despreciable, «de vil nación y profesión», cuya muerte proporcionó una moraleja: «Éste es generalmente el fin de los hombres presuntuosos que se erigen en jefes de las comunas».

A Henri de Dinant, que fue en Lieja otro de estos «burgueses demócratas», el cronista Jean de Hocsem le presenta también como un demagogo *(ductor populi)*, y Jean d'Outremeuse dice de él: «Hizo que el pueblo se sublevara contra el señor y contra los clérigos [...] y fue tan falso y traidor y codicioso que no había nada que se librara de su apetencia». Restableciendo su verdadera figura, F. Vercauteren ha dibujado un retrato de este personaje que es válido también para todos sus homólogos:

> Era un rico burgués, miembro del patriciado, pero no de los antiguos linajes que ostentaban el poder político en Lieja. Inteligente, ambicioso y elocuente, deseaba desempeñar un cometido personal en la dirección de los asuntos urbanos, quiso liberar a la burguesía de la autoridad principesca y romper, para ello, la oligarquía de los regidores. Parece que intentó también el establecimiento de una estrecha alianza entre las principales ciudades liejesas con el fin de oponerse a la política del príncipe, una política de las burguesías. Para llevar

a buen fin sus proyectos atrajo hacia sí a las masas populares que todavía estaban excluidas de cualquier participación en el poder político pero que estaban ya maduras para tal participación. Así pues, descubrió y utilizó un movimiento profundo que buscaba a su jefe. Su intervención precipitó la lucha entre el pueblo y una parte del patriciado que apoyaba al príncipe, mientras que una fracción del clero conservaba la neutralidad. Pero, prisionero de aquellos a quienes debía su ascenso, obligado poco a poco a una actitud cada vez más violenta y revolucionaria, fue abandonado por los elementos del patriciado que al principio le habían seguido pero que habían acabado asustándose por su radicalismo. Su movimiento, que primeramente era político, se convirtió en social; durante los últimos meses de su administración Henri de Dinant no pudo ya contar con la ayuda popular y a partir de entonces pasa por un demócrata, e incluso, como dice Hocsem, por un demagogo. Esto es lo que explica la importancia y la fuerza de la coalición que se forma contra él y que agrupa al príncipe, a la nobleza y al patriciado. Los vencedores no hallaron ninguna dificultad para transmitir a la posteridad una imagen deformada del tribuno y presentarlo como un vulgar agitador, inspirador de una política demagógica. La lectura de los cronistas liejeses del siglo XIV muestra el éxito experimentado por esta versión y que perdurará hasta el siglo XIX.

La verdad es que en muchos casos hay rivalidades personales en el interior del patriciado –competencia en los negocios y de prestigio– y consideraciones de ambición personal. En muchas ocasiones el interés hace que estos ricos formen en las filas al lado de los pobres. Los ricos carniceros, como el famoso parisiense Caboche, que son

2. El papel social y político

animadores de movimientos revolucionarios, quieren sin duda servirse del pueblo para vencer el desprecio que les tiene el resto de la alta burguesía, a pesar de su fortuna. En Metz son también «el elemento revolucionario más activo». Pero en muchos casos estos tránsfugas, asqueados por el egoísmo y la ferocidad de su clase, conscientes de una evolución que va contra la obstinación de los patricios aferrados a sus privilegios, no han hecho más que seguir la voz de su conciencia y de su inteligencia. La comunidad de acción que encontramos por ejemplo en Tournai en 1280, cuando los patricios forman la «cofradía de los Donceles», liga de la gran burguesía contra el pueblo amenazador, no impide que en el interior del patriciado tengan lugar las más ásperas rivalidades políticas, expresión de las rivalidades en los negocios.

a) Luchas de los clanes burgueses

En Italia son particularmente célebres estas luchas entre grandes familias patricias. A menudo forman la base de la oposición que enfrenta a güelfos contra gibelinos, como por ejemplo en Génova, donde de las cuatro grandes familias surgen estas cuatro «tribus»: los Fieschi y los Grimaldi son güelfos, mientras que los Doria y los Spinola son gibelinos. Donde son más famosas estas luchas es sin lugar a dudas en Florencia, entre negros y blancos, inmortalizados por Dante, entre Alberti y Albizzi, a finales del siglo XIV, y entre Albizzi y Médicis y Médicis y Pazzi, en el siglo XV. El triunfo político es para una familia un buen medio para la expulsión de los adversarios, para arruinar sus negocios y deshacerse de competidores. La gran compañía de los Alberti decae y muere después de la llegada al poder de los Albizzi.

Pero en los dos últimos siglos de la Edad Media estas rivalidades en el seno de las grandes familias mercantiles son sin duda menos significativas y menos importantes que el apoyo cada vez más decidido que aporta esta clase a unas nuevas estructuras políticas en las que cree adivinar una defensa frente al ascenso de las clases populares y al peligro de ciertos movimientos revolucionarios: la tiranía y la monarquía centralizada, allí donde hacen su aparición (en Alemania, por ejemplo, no se da este caso).

b) Mercaderes y señoríos

En la península italiana los grandes mercaderes favorecen el advenimiento y la consolidación de los señoríos, y las rivalidades que pueden ser una amenaza para éstos cuando ya han sido constituidas por una familia de mercaderes-banqueros, como los Médicis en Florencia, no tienen por qué disimular el consentimiento profundo de la gran burguesía mercantil italiana frente a unos regímenes que garantizan por medio de la fuerza y la demagogia la seguridad de las fortunas.

Mercaderes y príncipes

Muy tempranamente también los grandes comerciantes desempeñan un cometido político cerca de los príncipes y de los soberanos. El soporte a este cometido tenemos que buscarlo evidentemente en los servicios financieros y económicos que los mercaderes-banqueros prestan a los poderes temporales.

Benedetto Zaccaria pone su flota y sus competencias de marino al servicio de los reyes de Francia y de Castilla, de donde fue almirante. Reorganiza para Felipe el Hermoso de Francia el arsenal de Ruán y traza el programa de las construcciones navales del soberano.

Dino Rapondi, mercader y banquero de Luca, desempeña un papel de diplomático y de «verdadero ministro de Finanzas» de los dos duques de Borgoña y condes de Flandes Felipe el Valiente y Juan Sin Miedo.

Las grandes empresas militares y políticas que necesitan la movilización de importantes capitales sitúan a los mercaderes italianos en un primer plano.

En primer lugar las Cruzadas. Los hombres de negocios de Génova, Pisa y Venecia proporcionan a los cruzados los navíos, el reavituallamiento y el dinero, a veces según unos métodos tan evolucionados como las órdenes de pago sobre el tesoro real con los cuales los mercaderes genoveses financian la séptima Cruzada de san Luis. Pero no se conforman con los beneficios que les proporcionan estas ventas o estos préstamos, sino que controlan la vida económica de las conquistas occidentales. Mientras que los venecianos se instalan en Bizancio después de la cuarta Cruzada, vemos a grandes mercaderes como los Embriaci que administran para su patria genovesa sus colonias de Siria y de Palestina.

Otro campo de acción para ellos es la conquista del reino de Nápoles por los angevinos con la ayuda del

Papado. En la lucha de los papas contra los emperadores alemanes, el conflicto con los hijos de Federico II, y sobre todo con su hijo natural Manfredo, dueño del sur de Italia y de Sicilia, pasa a primer plano después del año 1250. Los gibelinos, partidarios de Manfredo, triunfan en Siena y en Florencia, y los principales mercaderes-banqueros de estas ciudades relacionados comercialmente con la Santa Sede emigran o son exiliados. Un champañés muy al corriente de las operaciones financieras internacionales, el papa Clemente IV, acude a ellos para la financiación de la conquista del reino de Nápoles confiada por el papa a Carlos de Anjou, hermano de san Luis, y bautizada como «Cruzada». Se trata de una empresa considerable y de enormes riesgos. Para hacer que los hombres de negocios florentinos exiliados se decidan, el papa les promete, a cambio de los capitales adelantados, el producto del impuesto sobre la Cruzada que se aplicará a las ferias de la Champagne, el tesoro pontificio, los bienes de las iglesias de Roma y, presionado por la necesidad, los objetos preciosos, los vasos de oro y de plata de su capilla y de su tesoro. La victoria de las tropas francesas y la instalación de los angevinos en Nápoles abren a los banqueros de Carlos de Anjou el dominio económico de la Italia del sur y de Sicilia durante más de un siglo. Los reyes angevinos eligen a muchos de sus principales consejeros de entre estos banqueros. Es el caso de los Acciaiuoli de Florencia. A principios del siglo XIV un Acciaiuoli es chambelán del rey René, vicario real y señor de Prato. La fortuna de su hijo Nicolás todavía será más sorprendente. Gran hombre de negocios, hábil administrador, diplomático inigualable, suma a estos talentos unas cualidades físicas que le convierten en el favorito de la emperatriz Catalina de Courtenay y de la reina Juana I. En los feudos que recibe en Grecia o en Italia lleva una vida deslumbrante de gran señor; como embajador del papa en Aviñón desempeña el papel de «hacedor de reyes», y un fresco de Andrea del Castagno nos ha legado la altiva figura de este gran senescal del reino de Sicilia.

La gestión de las finanzas de la Santa Sede abre unas vastas posibilidades también para los mercaderes italianos. En tiempos de Aviñón, cuando la red de mallas cada vez más tupidas de la fiscalidad pontificia cae sobre la cristiandad, son los grandes banqueros italianos, sobre todo los florentinos, quienes hacen que el producto de los múltiples impuestos y tasas ingrese en las arcas de la Curia, quienes adelantan al papa las considerables sumas que necesita, quienes efectúan para él todas las operaciones financieras necesarias y quienes disponen, en una dilatada área geográfica, de esta incomparable capacidad de maniobra que ofrece a sus negocios el dinero de la Iglesia[1]. Como ha demostrado Y. Renouard, algunos banqueros del papa son asimismo consejeros políticos. Los papas de Aviñón convertirán incluso a la sociedad de los *Alberti antichi* en una verdadera agencia de información a su servicio.

La política continental de los reyes de Inglaterra también ofrece a los italianos un terreno de operaciones privilegiadas. Financieros de las campañas inglesas de la

---

1. Pero indudablemente lo más importante son las posibilidades que ofrecen de transferencia de capitales.

Guerra de los Cien Años consolidan cerca de los soberanos de Londres su posición económica incluyendo además puestos militares y políticos. Sin duda la importancia de los riesgos estalla aquí en detrimento de los prestamistas demasiado imprudentes, y el fracaso de una campaña inglesa hace inevitable la quiebra de las mayores compañías florentinas, como las de los Peruzzi y de los Bardi. Pero también en el siglo XV vemos a los mercaderes italianos servir a los reyes de Inglaterra de gobernadores y de almirantes, incluso allí donde no tienen intereses comerciales, como por ejemplo en Guyena.

Asimismo a finales de la Edad Media y en el marco de esas monarquías cuyo carácter nacional tiende cada vez más a la acción centralizadora, vemos aparecer a mercaderes indígenas en el primer plano de la escena política. Cerca del rey Eduardo III de Inglaterra encontramos ya a un influyente William de La Pole. También es conocido el brillante papel que en el siglo XV desempeña Jacques Coeur cerca de Carlos VII de Francia.

Así, a lo largo de toda la Edad Media, ya sea el patriciado de las ciudades en el marco urbano y comunal, ya sean los grandes capitalistas en el marco estatal, los mercaderes-banqueros protegen y coronan su poderío económico con un poder político en el que se mezclan la búsqueda del interés y del prestigio.

Las grandes familias burguesas

Entre ellas casi siempre encontramos los mismos nombres. Las grandes firmas de negocios se han identificado con los linajes del patriciado, con las grandes familias del comercio, de la banca y de la política. Dinastías burguesas y a veces ennoblecidas como las de los Ziani y de los Mastropiero, de los Soranzo y de los Balbi en Venecia; de los Salimbeni, de los Tolomei y de los Buonsignori en Siena; de los Bardi, de los Peruzzi, de los Acciaiuoli, de los Alberti, de los Albizzi, de los Médicis y de los Pazzi en Florencia; de los Fieschi, de los Spinola, de los Doria, de los Grimaldi, de los Uso di Mare, de los Gattilusio, de los Lomellini y de los Centurioni en Génova; de los Uten Hove y Van der Meire en Gante; de los Du Markiet, de los Boinebroke y de los Le Blond en Douai; de los Crespin, de los Hucquedieu, de los D'Yser y de los Stanfort en Arrás.

Podría pues parecer que esta clase de los grandes hombres de negocios medievales, además de su coherencia económica y política, ha tenido también otra forma de cohesión: la continuidad familiar.

Esto lo ha negado Henri Pirenne en un célebre estudio. Según este autor:

> [...] a cada uno de los diferentes períodos de la historia, especialmente de la Edad Media, le corresponde una clase distinta de capitalistas [...]. No es del grupo de los capitalistas de una época dada de donde surge el grupo de los capitalistas de la época siguiente. En cada transformación del movimiento económico se produce una solución de continuidad. Podríamos decir que los capitalistas que hasta entonces han desplegado su actividad se reconocen incapaces de adaptarse a las condiciones que exigen unas necesidades hasta entonces desconocidas y que requieren unos métodos no empleados. Se retiran de la lucha para transformarse en

una aristocracia cuyos miembros, si bien intervienen todavía en el manejo de los negocios, lo hacen de una manera pasiva, en calidad de socios capitalistas. En su lugar aparecen unos hombres nuevos, atrevidos, emprendedores, que se dejan llevar audazmente por el viento que sopla y saben desplegar sus velas de acuerdo con la dirección de aquél, hasta el día en que, al modificarse esta dirección y desorientar sus maniobras, se detienen a su vez y desaparecen frente a un equipo provisto de fuerzas frescas y de nuevas tendencias.

Esta tesis ha encontrado diversos opositores, y alrededor de su fecundo atractivo se ha suscitado un debate siempre abierto –en el que han tomado parte primordialmente G. Espinas y J. Lestocquoy–: «¿Nuevos ricos o hijos de ricos?».

Aquí no nos ocupamos de un aspecto de esta discusión, el que se refiere al origen de la clase de los grandes mercaderes medievales. No hay duda de que, como se ha visto después de Pirenne, en muchos lugares son viejas familias nobles, ex funcionarios feudales que disponen de cierta masa de capitales, quienes se han introducido en el comercio y le han proporcionado sus líderes y sus dirigentes. Pero Pirenne ha llamado la atención sobre aquellos que, aprovechando la expansión demográfica de los siglos X a XII, el movimiento urbano que ha dislocado los marcos de la sociedad rural y militar de la Alta Edad Media, salidos de la nada o de poco, se han elevado a la primera fila gracias al comercio.

Pero la clase de los grandes mercaderes se estabiliza una vez desaparecidas estas condiciones excepcionales de movilidad social. A partir del siglo XIII pocos han sido en la Edad Media los Rockefeller y los Carnegie, y en todas las ocasiones han constituido casos excepcionales. En la gran burguesía de los negocios no ha ingresado quien ha querido, salvo quizás en Inglaterra, donde principalmente en la clase mercantil londinense parece haber existido una gran «fluidez» en los siglos XIV y XV[2]. Como dice A. Sapori para el caso de Florencia, solamente hubo «compenetración» en «las clases por encima de la del trabajador asalariado». «Los miembros de eso que generalmente llamamos la burguesía formaban bloque contra el pueblo llano, restableciendo el sistema de las contribuciones centrado en los impuestos indirectos, dictando las modalidades del trabajo manual y fijando sus remuneraciones.» En los aspectos político e ideológico el divorcio entre capital y trabajo culmina en el siglo XIV. Los burgueses convertidos en rentistas son tratados de «holgazanes» por los trabajadores. Entre los oficios «basados en el trabajo o en el comercio» la separación es absoluta. A partir de finales del siglo XIII «únicamente los que se ganan la vida al margen del trabajo manual» pueden formar parte del *Rat* de Lübeck, y en el año 1312 quedan excluidos de las funciones municipales de Nevers los «individuos mecánicos».

Pero en la dirección que apunta la tesis de Pirenne sigue habiendo algunas constataciones de la máxima importancia.

2. Para el caso de Alemania es difícil distinguir el aspecto social de la emigración de los alemanes del sur hacia el norte que ocurrió en el siglo XV.

Es justo relacionar la aparición de ciertas familias en primera línea de la escena de los negocios y el eclipse de algunas otras con las diversas fases del movimiento económico. Pero –siempre salvo excepciones– ni los recién llegados son unos desconocidos en el mundo del comercio y la banca ni los viejos desaparecen por completo. En Venecia los nuevos ricos que se enriquecen por su trabajo aprovechándose del sistema de la *commenda* pronto se convierten en capitalistas cada vez más prósperos, forman las *case nuove,* las «nuevas casas», que coexisten con las *case vecchie* de los viejos ricos. En los siglos XIV y XV la gran burguesía de la *poorterie* de Flandes incluye, al lado de los advenedizos, a los descendientes del antiguo patriciado. Por otro lado, la desaparición de determinadas familias puede estar relacionada con acontecimientos políticos: lo hemos visto en el caso de los Alberti, y no es necesario transformar en ley de la evolución económica y social las célebres páginas –bello fragmento de literatura– que en el siglo XV y en su tratado *De la familia* Leon Battista Alberti dedica a las vicisitudes de las grandes familias comerciantes apeadas de la cumbre del poder y sumidas en la decadencia y el olvido.

Todavía más interesante es seguir la evolución que tiende a transformar a los mercaderes activos en rentistas. Es indudable que también en estos casos la coyuntura económica ha influido en esta evolución. Ante las dificultades del comercio, la reducción de los horizontes y la pérdida de algunos mercados, los capitales comprometidos en el negocio y en la banca son retirados e invertidos en bienes inmuebles y en bienes raíces. Así sucede especialmente, como ya hemos dicho anteriormente, en

2. El papel social y político

la península italiana en los siglos XIV y XV, y el desarrollo de un imperio veneciano de Tierra Firme está relacionado con este repliegue de los capitalistas sobre la tierra. F. C. Lane lo ha demostrado en el caso de Andrea Barbarigo y sus descendientes: él, que invierte todo su dinero en el comercio, espera a la edad madura para adquirir una hacienda. Pero los tutores de sus hijos empiezan a adquirir con su herencia otras propiedades en las regiones de Treviso y de Verona, sin contar las propiedades coloniales en Creta, e invierten el dinero de sus pupilos preferentemente en títulos de préstamos del Estado. Es el momento en que, debido a la conquista turca, Venecia sufre grandes pérdidas en Oriente. En 1462 no queda más que una décima parte del capital familiar invertido en el comercio. Cuando su primogénito Nicolò redacta su testamento en 1496 recomienda a su propio hijo que no invierta capitales en el comercio porque proporciona muy pocos beneficios.

Asimismo, cuando en 1457 una crisis cierra a los Popplau de Breslau los mercados bohemios, Kaspar Popplau invierte una parte de sus capitales en el campo, donde adquiere tierras. Y así como esta nueva orientación de los capitales comerciales permite que una nueva aristocracia terrateniente sustituya a la vieja, gracias a unas inversiones de nuevo tipo en las ciudades, un patriciado de recién llegados sustituye al antiguo. En Lübeck los *homines novi* adquieren rentas y sus deudores pertenecen esencialmente a los viejos linajes y en adelante se hallan a merced de sus acreedores. A finales del siglo XIII la viuda de Bertrand Mornewech, «el primer y más feliz representante del nuevo tipo de mercader», invierte de esta manera 14.500 marcos lübeckeses entre los años 1286 y 1300.

Pero esta evolución, acentuada y acelerada por la historia económica, no está relacionada con ella de un modo absoluto. Se trata de un movimiento natural que, en nuestra época, dirige al mercader del negocio hacia la propiedad inmobiliaria y terrateniente. En la juventud son los viajes; en la edad madura los negocios sedentarios; en la vejez un semirretiro en sus tierras. Más todavía que una cuestión de edad se trata de una cuestión generacional. El padre, creador de la empresa, aun en el caso de que ya en el inicio dispusiera de cierta fortuna, hace de ella su vida, a ella consagra su tiempo, sus problemas, su dinero. Los hijos o los nietos, criados en un ambiente desahogado, que por su educación han recibido a la vez el gusto de la cultura y la sensibilidad por las cosas artísticas, dedican menos tiempo a los negocios y más a los gastos personales: placeres espirituales y placeres no tan nobles. Después de los que lo amasan, los que lo disfrutan. Después de los medievales que únicamente son mercaderes, los mercaderes-artistas. Modernamente Thomas Mann, en *Los Buddenbrook,* ha descrito esta evolución en el marco de una vieja ciudad de la Alemania hanseática, una evolución que fue frecuente en la Edad Media. Una célebre ilustración de ello la hallamos en la familia de los Médicis. Desde Cosme hasta Lorenzo, el dinero que destinan a financiar el Renacimiento florentino se echa en falta en los negocios de la firma familiar.

Así pues, si bien es justo establecer matices y si bien es necesario desconfiar del «concepto de una clase burguesa que forma piña en cada época», también es cierto que con sus vicisitudes y sus renovaciones, en el seno de las grandes familias del negocio y de la banca, la clase de los grandes mercaderes burgueses presenta en la Edad Media una destacable unidad cuya trama no solamente se compone de las permanencias económicas, sino asimismo de las continuidades humanas.

3. La actitud religiosa y moral

I. La Iglesia contra los mercaderes: la teoría

A menudo se ha afirmado que el mercader medieval se había visto obstaculizado en su actividad profesional y rebajado en su medio social por la actitud de la Iglesia con respecto a él. Condenado por ella incluso en el ejercicio de su oficio, habría sido una especie de paria de la sociedad medieval dominada por la influencia cristiana.

La condena

De hecho, algunos textos célebres parecen señalar a los mercaderes como sospechosos. Esto se resume en una famosa frase sacada de una adición al decreto de Graciano, monumento del derecho canónico en el siglo XII: *Homo mercator nunquam aut vix potest Deo placere* («El mercader no puede –o difícilmente puede– agradar a Dios»). Los documentos eclesiásticos –manuales de confesión, estatutos sinodales, recopilaciones de casos de conciencia– que proporcionan listas de profesiones prohibidas, *illicita negocia,* o de oficios deshonrosos, *inhonesta mercimonia,* incluyen en ellas casi siempre el comercio. Entresacamos una frase de una decretal del papa san León el Grande –a veces atribuida a Gregorio el Grande– según la cual «es difícil no pecar cuando se hace profesión de comprar y de vender». Santo Tomás de Aquino subraya que «el comercio, considerado en sí mismo, tiene cierto carácter vergonzante»: *quandam turpitudinem habet.*

Y ya tenemos al mercader arrinconado, parece, por la Iglesia, en compañía de las prostitutas, de los juglares, de los cocineros, de los soldados, de los carniceros, de los taberneros, y además también de los abogados, de los notarios, de los jueces, médicos, cirujanos, etcétera.

Los motivos

¿Cuáles son los motivos de esta condena? En principio existe la propia finalidad del comercio: el deseo de ganancia, la sed de dinero, el *lucrum*. Santo Tomás declara que al comercio «se lo censura merecidamente porque por sí mismo satisface la codicia del lucro que, lejos de tener un límite, se extiende hasta el infinito». La literatura y el arte medievales nos han legado la imagen que estos contemporáneos tenían del mercader ávido de beneficios y por lo tanto en conflicto con la moral cristiana, castigado por Dios y por la Iglesia. Existe *El padrenuestro del usurero,* que no puede evitar pensar en sus negocios y en su dinero al recitar su plegaria, e incluso el *Credo del usurero,* cuyo protagonista, moribundo, verdadero Grandet medieval, no se contenta con mezclar a las palabras de su última oración unas alusiones a su dinero, sino que manda traerlo y amontonarlo ante sí y, al término de su plegaria, pide que se le entierre junto a su bolsa de dinero más voluminosa:

> Entonces se gira y aprieta los dientes
> su alma se separa de su cuerpo
> y en el momento que sale de él
> los diablos se la llevan,
> amén, hacia el infierno eterno.

Y entre los condenados, en el círculo infernal donde están los enamorados de la riqueza, es donde hallamos a los mercaderes, entre su dinero y los diablos que les torturan —como, por ejemplo, en los frescos de Taddeo di Bartolo de la colegial de San Gimignano—. La causa principal de su condena es, pues, la finalidad que se proponen —el beneficio, la riqueza— de cometer casi inevitablemente uno de los pecados capitales, la *avaritia,* es decir, la codicia.

La usura

Más precisamente, el mercader y el banquero están abocados por su oficio a la práctica de acciones condenadas por la Iglesia, unas operaciones ilícitas la mayoría de las cuales entran en la denominación de usura.

Efectivamente, la Iglesia entiende por usura cualquier trato que suponga el pago de un interés. De ahí la prohibición del crédito, base del gran comercio y de la banca.

3. La actitud religiosa y moral

En virtud de esta definición, cualquier mercader-banquero es prácticamente un usurero.

Las razones que alega la Iglesia para condenar la usura son múltiples. Para empezar –un argumento que para ella es decisivo– existen los textos de las Sagradas Escrituras. A este respecto hay dos que son autoridad, uno sacado del Antiguo Testamento y el otro del Nuevo. El primero, tomado del Deuteronomio (XXIII, 19-20, y que por lo demás completa un texto del Éxodo XXII, 25 y uno del Levítico XXV, 35-37), declara:

> No tomarás de tu hermano logro de dinero, ni logro de comida, ni logro de cosa alguna de que se suele tomar.

Las palabras del Nuevo Testamento salen de la propia boca de Cristo, quien dice a sus discípulos:

> Y si prestareis a aquellos de quienes esperáis recibir, ¿qué gracias tendréis? Porque también los pecadores prestan a los pecadores, para recibir otro tanto. [...] prestad, no esperando de ello nada; y será vuestro galardón [...]. (Lucas, VI, 34-35.)

Los autores eclesiásticos aducen asimismo cierta cantidad de motivos que se desprenden de la moral natural. Dos de ellos son particularmente interesantes. En primer lugar el prestamista no lleva a cabo un verdadero trabajo, ni crea ni transforma ninguna materia, ningún objeto, explota el trabajo ajeno, el del prestatario. Y la Iglesia, cuya doctrina se ha formado en el medio rural y artesanal judío, únicamente reconoce este trabajo creador como fuente legítima de ganancia y de riqueza. Con mayor motivo debido a que el ascenso de las clases urbanas de Occidente entre los siglos X y XIII coloca en primera fila de la sociedad a los trabajadores en este sentido tradicional –incluidos los primeros mercaderes cristianos, de trabajo itinerante–.

Está también el hecho de que a los canonistas y teólogos les cuesta admitir que el propio dinero pueda engendrar dinero y que el tiempo –en concreto, el que transcurre entre el préstamo y su devolución– pueda también generar dinero. La primera consideración que ha dado origen al famoso adagio *Nummus non parit nummos,* «El dinero no puede parir dinero», procede de Aristóteles, y se divulgó en el siglo XIII con las obras y las ideas de este filósofo.

Después del Estagirita, santo Tomás de Aquino y Gilbert de Lessines sostienen que el dinero tiene que servir para favorecer los intercambios, y que amasarlo, hacerlo fructificar por sí mismo, es una operación antinatural. «En vez de transferir los bienes necesarios para la vida, la gente acumula con un espíritu avaro», dice Gilbert de Lessines. Magnífico ejemplo de los resultados de la influencia aristotélica sobre el pensamiento cristiano medieval. Por una parte es un estimulante, un apoyo en la elaboración de una reflexión que busca adaptarse a las nuevas condiciones de la economía, y la teoría de una moneda, instrumento de la circulación de los productos, es un innegable adelanto sobre la tesorización practicada por los hombres de la Alta Edad Media rescatados de un ideal de economía cerrada. Pero también, por pura aceptación de una nueva autoridad, supone molestia, desventaja, fuente de incomprensión y de nuevas dificultades. Puesto que esta teoría de la moneda, al negar el valor del crédito, provoca un divorcio entre el pensamiento cristiano y la evolución económica.

La concepción cristiana del tiempo es quizá más grave, puesto que pone en juego unas estructuras mentales todavía más complejas y más fundamentales. En efecto, en santo Tomás y otros teólogos y canonistas hallamos este argumento de que, a través de la práctica del interés, «se vende el tiempo». Ahora bien, éste no puede ser una propiedad individual. El tiempo únicamente pertenece a Dios. Así la reflexión cristiana se muestra incapaz de alcanzar concepciones económicas, no pudiendo escapar de un marco teológico-moral estricto, sean cuales fueren los considerables esfuerzos de los pensadores y juristas del siglo XIII. Por su parte tampoco el mercader alcanza el claro concepto y la formulación de las creencias económicas que son el fundamento moral de su actividad, aunque éste no es su cometido. Y las expresa a través de sus operaciones: así como el otro demuestra el movimiento andando, él demuestra el crédito mercadeando.

Mercaderes cristianos e infieles

En circunstancias especiales los mercaderes medievales atraen también la particular reprobación de la Iglesia: en la lucha contra los infieles. Desde la Alta Edad Media los mercaderes de los primeros grandes centros italianos del comercio –Nápoles, Amalfi, Venecia–, cuyo tráfico con los musulmanes representa una parte importante de sus actividades, a veces en las luchas que enfrentan a cristianos contra infieles toman partido por estos últimos, exponiéndose a los anatemas del Papado. Estos hechos se agudizan todavía más en la época de las Cruzadas, cuando la Iglesia se lanza sin ambages a la lucha armada contra el islam –en una época en que el desarrollo del comercio internacional ha convertido en casi indispensables para los grandes mercaderes occidentales los contactos comerciales con los árabes–. Venecia participa en la primera Cruzada bastante a regañadientes para tener su parte de botín cuando la expedición ya está lo suficientemente adelantada, y parece que prefiere desviarla hacia Bizancio, lo que consigue, como se sabe, con ocasión de la cuarta Cruzada. La legislación de las Cruzadas estipula efectivamente la prohibición del comercio con el enemigo y decreta el embargo de los productos estratégicos, primordialmente las maderas, el hierro, las armas y las naves. De una manera más generalizada la Iglesia prohíbe permanentemente la venta de esclavos al islam, lo cual constituye uno de los mayores tráficos de los mercaderes cristianos medievales. Pero los intercambios, incluso en tiempos de Cruzada, no se detienen. Una correspondencia entre mercaderes musulmanes de Túnez y un mercader cristiano de Pisa manifiesta –entre otros documentos– la excelencia de las relaciones entre comerciantes infieles y cristianos, lo que se ha llamado «la solidaridad de los mercaderes musulmanes y cristianos». Éste es, por ejemplo, el comienzo de una de tales cartas:

En el nombre de Dios, Clemente y Misericordioso.
Al muy noble y distinguido «jeque», el virtuoso y honrado Pace, pisano; que Dios conserve su honor, quiera salvaguardarle, le ayude y le asista en la realización del bien. Hilal ibn

Khalifat-al-Jamunsi, vuestro amigo afectuoso y que os quiere bien, a vos que seguís los senderos de la virtud, os manda sus saludos, la misericordia y las bendiciones de Dios.

La carta está repleta de interrupciones como: «Mi muy querido amigo», «Mi querido amigo Pace».

II. La Iglesia y los mercaderes: la práctica

Pero lo mismo que este ejemplo demuestra la distancia entre la realidad y la doctrina de la Iglesia, en la práctica las relaciones entre la Iglesia y los mercaderes son muy diferentes de la teoría que acabamos de resumir.

Protección de los mercaderes

La Iglesia protege a los mercaderes desde muy temprano. En 1074 el papa Gregorio VII ordena a Felipe I rey de Francia que restituya a unos mercaderes italianos que fueron a su reino las mercancías que ordenó confiscar. Y llega incluso a amenazar con excomulgar al rey en el caso de que se niegue. Como se ha dicho, se trata del «inicio de una larga serie de documentos del mismo género». En el año 1263 vemos asimismo cómo el obispo de Dinant manda edificar un mercado cubierto «para provecho y utilidad de todo el mundo, y sobre todo para los mercaderes». Los manuales de confesores citan entre las personas que pueden ser dispensadas del ayuno o de la observancia del descanso dominical a los mercaderes, ya sea porque sus negocios no pueden sufrir demora, ya porque las fatigas de sus viajes hacen que las privaciones les sean penosas. Los esfuerzos de la Iglesia encaminados a obtener el cese de las guerras privadas, el fin de las luchas entre príncipes cristianos, todo el movimiento tendente a imponer las «treguas de Dios», la «paz de Dios», tienen forzosamente que favorecer la actividad de los mercaderes, y a veces se expresa explícitamente esta finalidad. Así, el canon 22° del Concilio de Letrán del año 1179 que reglamenta la tregua de Dios reclama la seguridad «para los curas, los monjes, los clérigos, los conversos, los peregrinos, los mercaderes, los campesinos, los animales de carga». En esta relación se constata, como ha observado J. Lestocquoy, «una especie de jerarquía de las profesiones» a los ojos de la Iglesia. En ella los mercaderes se hallan situados entre los clérigos y los campesinos.

También vemos que muy pronto los mercaderes son considerados buenos cristianos y, lejos de que la Iglesia les mantenga apartados, les acoge y les integra profundamente en el medio cristiano. En la ciudad francesa de Arrás vemos a un numeroso grupo de ricos mercaderes en estrecha relación con la abadía de Saint-Vaast. Algunos miembros de la familia Hucquedieu son «hombres de Saint-Vaast». Jean Bretel, que comercia en las ferias de la Champaña, es funcionario de la misma abadía. Anteriormente hemos podido ver un contrato comercial redactado en un convento genovés. Más adelante podremos ver los lazos recíprocos que en la Edad Media han mantenido unidos a la Iglesia y los ricos mercaderes.

3. La actitud religiosa y moral

Impotencia de la Iglesia frente a los mercaderes

Sobre todo el estudio de los documentos y un simple repaso a la historia económica medieval quizá nos muestren la impotencia de la Iglesia frente a los mercaderes, y cuán desarmada está para hacer respetar su doctrina económica.

Sin duda la Iglesia dicta toda una serie de sanciones contra la usura, considerada pecado mortal, origen de fortunas ilícitas que teóricamente no pueden ser utilizadas para fines caritativos. En primer lugar castigos espirituales: excomuniones y negación de sepultura en tierra sagrada; luego sanciones temporales: la obligación de restituir beneficios ilícitos; algunas incapacidades civiles, tales como la invalidez de los testamentos de los mercaderes mientras no haya tenido lugar la reparación de sus pecados en materia económica. No hay duda de que en algunos casos la Iglesia intenta aplicar su legislación. Es conocido el caso de quince usureros de Pistoia, citados ante el tribunal del obispado a finales del siglo XIII. Pero el mismo hecho de que los documentos del proceso indiquen que algunos de ellos practican la usura desde hace veinte años, a sabiendas de todo el mundo, es una prueba de que la Iglesia sólo recurre a sus anatemas en casos excepcionales. A veces se trata de satisfacer a eclesiásticos o a personas vinculadas con la Iglesia en conflicto con los mercaderes: como la intervención pontifical en 1228 a favor de Robert de Béthune, procurador de Saint-Vaast de Arrás, víctima de las maniobras de varios de los principales hombres de negocios de la ciudad. La Iglesia cierra casi siempre los ojos, con mayor razón debido a que los mercaderes y los banqueros encuentran pronto numerosos medios para desviar las prohibiciones eclesiásticas, para disfrazar la usura camuflando el interés. Cuando se respeta la letra, la Iglesia acepta más fácilmente que se traicione el espíritu. Unas veces el interés que satisface el prestatario se presenta como si fuese un donativo voluntario, otras toma la forma de una multa pagada al expirar el plazo de devolución fijado intencionadamente en una fecha demasiado próxima, multa a un tanto alzado pagada anualmente a cambio de la cual los lombardos reciben una licencia autorizando la práctica de unas operaciones teóricamente prohibidas. A veces la usura se disfraza de tal manera que es difícil descubrirla, como en el caso del cambio seco que se practica a través de una letra de cambio falsa que menciona unas operaciones de cambio que no se efectúan realmente.

La justificación del mercader

Impotente en la práctica, la Iglesia deriva hacia una teoría más tolerante, poco a poco admite derogaciones y justifica unas exenciones cada vez más numerosas e importantes. Es particularmente interesante estudiar los motivos de estas excusas, obra de la elaboración jurídica de los canonistas y teólogos del siglo XIII, pues muestran cómo la Iglesia ha hecho aceptar ideológicamente la posición conquistada por el mercader en la sociedad medieval en el aspecto económico y político.

En primer lugar existe la consideración de los riesgos que corre el mercader, que son evidentes cuando éste sufre un perjuicio real, *damnum emergens*. En este caso, como por ejemplo si ha sufrido un retraso en la devolución, tiene que recibir una compensación que pronto se admite que no hay por qué esconder bajo el nombre de multa, sino que puede ser llamada «interés». Por otra parte, el prestamista se priva de un beneficio posible, o quizá probable, inmovilizando en sus préstamos un dinero que le habría podido servir inmediatamente para otros asuntos. A finales del siglo XII una decretal de Alejandro III que reglamenta la venta a crédito autoriza para este motivo, *lucrum cessans,* la percepción de una indemnización. Mas, generalmente, el prestamista siempre corre riesgos: insolvencia o mala fe del prestatario, a lo cual se suma, a partir de finales del siglo XIII, el peligro de ver cómo el valor del dinero prestado disminuye en el momento de la devolución, ya sea a causa de un cambio monetario, ya por el efecto de las fluctuaciones del precio de la plata. Este riesgo, *periculum sortis,* que cada vez se tiene más en consideración a medida que se entienden mejor los mecanismos económicos y monetarios, proporciona entonces la base de la doctrina de la Iglesia con respecto al comercio y a la banca. Es suficiente que exista alguna duda sobre el desenlace de una operación –*ratio incertitudinis*–, y la Iglesia reconoce que esto puede ser propio de cualquier actividad del mercader, para que quede justificada la percepción de un interés. La habilidad casuística conduce entonces a fórmulas tales como la de Gilbert de Lessines, que declara que «la duda y el riesgo no pueden borrar el ánimo de lucro, es decir, perdonar la usura», sino que cuando existe «incerteza y ningún cálculo [...] la duda y el riesgo pueden equivaler a la equidad de la justicia». Así quedan autorizados los contratos de asociación, de «sociedad», el cambio y especialmente las operaciones a las que dan lugar la utilización de la letra de cambio —a excepción del «cambio seco»—, el comercio de las rentas constituidas, es decir, fundamentadas sobre bienes raíces, el interés de los préstamos públicos.

Existe asimismo —y es un nuevo adelanto en el proceso de justificación del mercader por parte de la Iglesia— la consideración de la labor del comerciante, del trabajo que efectúa y del que tiene que recibir salario: *stipendium laboris*. Aquí encontramos la teoría eclesiástica del salario relacionado con el trabajo, fruto de la reflexión cristiana sobre el movimiento social de los siglos X al XIII, que desemboca en una sociedad basada en el trabajo repartido entre asalariados. La aplicación de esta teoría al mercader es fácil en una época en que el mercader-tipo es un viajero, un itinerante expuesto a todos los peligros que ya hemos enumerado anteriormente. El mercader capitalista sedentario entra más difícilmente en estas categorías. Realmente pueden considerarse «trabajo» los cuidados de organización y los deseos de dirección que tiene. Pero entonces se le conceptúa un trabajador sobre todo en consideración a los servicios que presta a la sociedad por la utilización de su dinero, de su organización y de sus métodos.

Lo que viene a coronar la evolución de la doctrina de la Iglesia y vale a los mercaderes el derecho de ciudadanía definitivo en la sociedad cristiana medieval es la noción de utilidad y de necesidad de tales mercaderes. Muy pronto se pone en evidencia su utilidad, porque, yendo a buscar a lejanas tierras unas mercancías necesarias o agradables, unos géneros y unos objetos inexistentes en Occidente y vendiéndolos en las ferias, proporcionan a las distintas clases de la sociedad aquello que necesitan. Así es como habla el autor del *Dit des marchands:*

> [...] Que a los mercaderes
> todos deberíamos honrar;
> puesto que van por tierra y por mar
> y a muy extraños países
> a comprar lana y pieles y tapices.
> Otros viajan a ultramar
> para ver qué pueden comprar,
> pimienta, canela o garingal.
> Dios guarde a los mercaderes de mal
> porque los necesitamos grandemente.
> Hay mercaderes de vinos,
> de trigo, de arenque y de sal,
> y de seda, y de oro y de plata,
> y de piedras como no hay igual,
> Mercaderes que el mundo entero recorren
> para comprar lo que nos hace falta.

Pero a finales del siglo XIII y a principios del XIV dos nociones vienen a reforzar singularmente estas consideraciones. La primera es una consecuencia de la introducción del pensamiento antiguo y del derecho romano en la teología cristiana y el derecho canónico. Los autores cristianos aplican la idea de «bien común», de «utilidad común», tan importante por ejemplo en Aristóteles, a la actividad de los mercaderes. Relacionando esta idea con la del trabajo, santo Tomás declara:

Si uno se dedica al comercio en vista de la utilidad pública, si uno quiere que las cosas necesarias para la existencia no falten en los países, el lucro, en vez de ser considerado como fin, tiene que serlo solamente como remuneración del trabajo.

Como Guillaume Durand y Burchard de Estrasburgo, quien declara:

Los mercaderes trabajan para beneficio de todos y hacen labor de utilidad pública llevando y trayendo mercancías de las ferias.

La segunda noción es el resultado del reconocimiento de la interdependencia de los países y de las naciones desde el punto de vista económico. Evolución capital. Del pensamiento autárquico de la Alta Edad Media que considera la necesidad de los intercambios exteriores como un defecto, una tara económica, se llega a la creencia en la necesidad y en el beneficio de tales intercambios. Es el descubrimiento de lo que será el principio fundamental del librecambio, del capitalismo liberal. Razón suplementaria para relacionar la revolución comercial del siglo XIII con la del siglo XIX.

Esta noción la insinúa ya a comienzos del siglo XIII Thomas de Cobham, quien en su *Manual* de confesión dice:

Habría gran indigencia en muchos países si los mercaderes no llevaran lo que abunda en un lugar a otro lugar donde estas mismas cosas no existen. Por esto pueden con razón recibir el precio de su trabajo.

3. La actitud religiosa y moral

Su expresión más lograda la encontramos a principios del siglo XIV en los versos de Gilles de Muisit, un canónigo de Tournai, quien en el poema *C'est des marchands...* declara:

> Ningún país puede prescindir de ellos;
> los mercaderes, que trabajando y sufriendo
> van por todos los reinos para proveer al suyo,
> jamás deben sin motivo ser criticados.
>
> Los que mercadeando van más allá de la mar
> para abastecer los países son dignos de estima;
> si actúan honradamente no hay que censurarles,
> sino apreciarles, leal y sinceramente.
>
> Caridad y amor reparten por doquier donde van;
> por lo que hay que regocijarse si se enriquecen
> y lamentarse cuando por desgracia empobrecen.
> ¡Dios acoja sus almas cuando este mundo dejen!

Así pues, en adelante el gran comercio internacional es una necesidad querida por Dios. Ingresa en el ámbito de la Providencia. Y como consecuencia ingresa también el mercader, personaje bienhechor, providencial y, por su actividad, miembro esencial de la sociedad cristiana.

Este aspecto lo destacará con énfasis en el siglo XV Benedetto Cotrugli, de Ragusa, en su manual sobre *El comercio y el mercader ideal:*

> La dignidad y el oficio de mercader son grandes en muchos aspectos [...]. Y en primer lugar por el bien común,

ya que el progreso del bienestar público es una finalidad muy honorable, según Cicerón, e incluso debemos estar dispuestos a morir por él [...]. El progreso, el bienestar y la prosperidad de los estados se basan en una gran medida en los mercaderes; evidentemente nos referimos siempre no a los pequeños y vulgares mercaderes, sino a los gloriosos mercaderes cuyas loanzas son el tema de mi libro [...]. Gracias al comercio, ornamento y motor de los estados, los países estériles están provistos de alimentos, de géneros y de numerosos productos curiosos importados de fuera [...] los mercaderes aportan asimismo en abundancia las monedas, las joyas, el oro, la plata y toda clase de metales [...]. El trabajo de los mercaderes está ordenado en vista de la salud de la humanidad.

III. La mentalidad del mercader

Justificado e incluso exaltado de esta manera, el mercader medieval puede dar libre curso a su talento. Sus metas son la riqueza, los negocios y la gloria.

El dinero

El amor por el dinero es su pasión fundamental.

Cotrugli dice que el mercader tiene que gobernarse —él y sus negocios— de una manera racional para alcanzar su meta, que es la fortuna.

Todos los mercaderes en los que se han fijado los historiadores de la Edad Media sienten este amor loco por el dinero, desde los banqueros de Arrás –de quienes en el siglo XIII Adam de La Halle dijo que «aman demasiado el dinero»–, desde los florentinos descritos por Dante como «una gente codiciosa, envidiosa, orgullosa», enamorada del florín, esta «flor maldita que ha inducido a error a ovejas y a corderos», hasta los mercaderes de Toulouse y de Ruán del siglo XV. Todos piensan como un mercader florentino del siglo XIV: «Tu ayuda, tu defensa, tu honor, tu beneficio, es el dinero». Y M. Mollat, al estudiar a los grandes mercaderes normandos de finales de la Edad Media, habla del «dinero, fundamento de una sociedad».

La influencia social

Para amasar este dinero es necesario tener la pasión de los negocios, el gusto de hacer fructificar el capital, el espíritu de iniciativa. En su *Libro de las buenas costumbres* el florentino Paolo di Messer Pace da Certaldo aconseja:

> Si tenéis dinero no seáis inactivos; no lo guardéis estéril en vuestra casa, puesto que más vale actuar, aun en el caso de que no saquéis beneficio de ello, que permanecer pasivo sin tampoco beneficiaros.

E incluso si no se tiene dinero o se tiene poco, también existen medios para hacer fortuna, como enseña Cotrugli, quien asimismo aconseja no dejarse abatir por los desengaños:

He conocido a grandes personajes que, arruinados, no se sonrojaban por el hecho de prestar caballos a los carreteros, hacerse corredores, posaderos, o cualquier cosa. Y he visto a otros recuperar sus riquezas en poco tiempo, con 10.000 ducados; no voy a decir sus nombres, pues no quiero enorgullecerles o humillarles en su orgullo. Y es bien sabido que los genoveses o los catalanes, si se han arruinado por alguna mala fortuna, se hacen piratas; los florentinos se hacen agentes o artesanos y salen de apuros gracias a su habilidad [...].

La dignidad

Y los mercaderes pueden tener dignidad.

Tratan con artesanos, gentileshombres, barones, príncipes y prelados de todos los rangos, los cuales acuden en tropel a visitar a los mercaderes, a quienes siempre necesitan. Incluso vemos que a menudo grandes sabios van a visitar a los mercaderes a sus casas [...]. Ya que ningún hombre de oficio ha sabido jamás, en ningún reino ni en ningún estado, manejar el dinero —que es la base de todos los estados humanos— como lo hace el mercader honrado y experimentado [...]. Ni reyes ni príncipes ni nadie, sea de la categoría que fuere, tiene tanta reputación y crédito como un buen mercader [...]. Por lo cual los mercaderes tienen que estar orgullosos de su eminente dignidad [...]. No pueden tener las maneras brutales de los rudos soldados ni las maneras almibaradas de los bufones y de los comediantes, sino que la seriedad tiene siempre que aflorar en su lenguaje, sus maneras y todas sus acciones, para que estén a la altura de su dignidad.

Así es como se expresa Benedetto Cotrugli, mercader de Ragusa.

La ética mercantil

Así es como va perfilándose toda una ética mercantil, mundana y laica, que se define por una moral de los negocios que los manuales para uso de los mercaderes –*Consejos sobre el comercio,* y otros– han expresado a la perfección.

Al mercader se le exige prudencia, el sentido de sus intereses, la desconfianza con respecto al prójimo, el temor de perder dinero, la experiencia.

> No tengas tratos con los pobres, pues nada puedes esperar de ellos,

dice un anónimo florentino; y, por encima de todo, tiene que calcular. El comercio es un tema de razonamiento, de organización, de método.

> ¡Qué error –dice el anónimo– practicar el comercio empíricamente!; el comercio es un asunto de cálculo (*si vuole fare per ragione*).

Como muy acertadamente dice Y. Renouard, los grandes hombres de negocios italianos del siglo XIV, los mercaderes medievales,

> [...] actúan como si creyesen que la razón humana puede entenderlo todo, explicarlo todo y dirigir sus actos [...] tienen una mentalidad racionalista.

Pero en este uso que los mercaderes hacen de la razón –la *ratio* latina, la *ragione* italiana– lo que predomina es mucho más el aspecto de cálculo que el de búsqueda desinteresada. De ahí este egoísmo que estalla en ocasiones:

> No beneficies al prójimo para perjudicarte en tus propios asuntos,

dice Paolo di Messer Pace da Certaldo. Y más que nadie, el mercader medieval tiene el sentido y el gusto –casi patológico– del secreto de los negocios.

Esta obsesión por el secreto es a menudo la culpable de que estemos tan mal informados incluso en los casos en que existe documentación. Para no dar información a posibles competidores, los mercaderes medievales –principalmente los genoveses– omiten en sus libros, en sus contratos, en sus actas notariales, el destino de sus actividades o lo camuflan, borran el nombre de sus corresponsales, no especifican la naturaleza de las mercancías. Como culminación de este estado de ánimo y de estas prácticas, en el siglo XV Leon Battista Alberti no solamente recomienda a los mercaderes que no revelen el secreto de sus negocios a los miembros de su familia –empezando por su esposa–, sino que les exhorta a construirse una morada de la que nada de lo que se haga en el interior pueda filtrarse al exterior, fortaleza cuyo modelo son los palacios de los mercaderes florentinos. Aconseja puertas y escaleras secretas por donde introducir a los mensajeros, a los empleados y a los portadores de noticias. Así es como se materializa ese muro de los negocios que los capitalistas empiezan a edificar ya desde la Edad Media.

3. La actitud religiosa y moral

Incluso el mundo se escandaliza al ver cómo en sus *Consejos al mercader* el anónimo florentino del siglo XIV cita un texto de las Sagradas Escrituras únicamente con la intención de utilizar el Deuteronomio (XVI, 19) para recomendar el uso de la corrupción:

> [...] el soborno cierra los ojos de los sabios, y pervierte las palabras de los justos.

IV. La religión del mercader

Pero sería cometer un grave error limitarse a esta visión de un mercader medieval ocupado por completo únicamente en buscar los bienes de este mundo. Como hombre de la Edad Media, como miembro de una sociedad tan impregnada de espiritualidad y de prácticas religiosas, también él es un cristiano.

La religión y los negocios

En los documentos que hemos comentado anteriormente hemos visto ya que las actividades de los mercaderes se sitúan siempre bajo la advocación divina. Todos los libros comerciales empiezan con estas líneas:

> En el nombre de Nuestro Señor Jesucristo y de la Santa Virgen María su Madre y de toda la Santa Corte Celestial, que por su sacratísima gracia y misericordia nos concedan gracia y santidad, tanto en el mar como en la tierra, y que nuestras

riquezas y nuestros hijos se multipliquen con la salud del alma y del cuerpo. Así sea.

A este respecto es especialmente interesante el estudio de las relaciones entre oficios, corporaciones y cofradías. Espinas y Bloch[1] lo han abordado con muchísima penetración.

Particularmente los estatutos de las corporaciones mercantiles manifiestan las preocupaciones religiosas de sus miembros. Sapori ha analizado los del Arte de Calimala de Florencia. El primer artículo ordena a los miembros del Arte la observancia de la fe católica y la colaboración con las autoridades públicas para luchar contra los herejes. El segundo enumera los días de fiestas religiosas que tienen que ser de descanso. El quinto fija con minuciosidad la participación de la corporación en las ceremonias religiosas solemnes en las que tiene que ser representada. El decimocuarto prevé los gastos de carácter religioso que tiene que hacer la corporación; el mantenimiento de cierto número de lámparas encendidas en la iglesia de San Juan, el abono de la iluminación completa de esta iglesia durante las fiestas solemnes; dar limosnas especiales a los pobres y distribuir pan amasado con buena harina de trigo a estos mismos pobres tres veces por semana.

Francesco Pegolotti, en el encabezamiento de su famoso *Manual del comercio,* reproduce los versos de Dino Compagni:

---

1. Véase M. Bloch (M. Foujères), «Entr'aide et piété: les associations urbaines au Moyen Âge», *Mélanges d'histoire sociale*, 1944.

3. La actitud religiosa y moral

El mercader que desea un gran mérito
tiene que actuar siempre con equidad,
tiene que ser muy previsor
y mantener siempre sus promesas.
Que sea, en lo posible, de aspecto afable,
como corresponde al honroso oficio que ha elegido,
sincero cuando vende, atento cuando compra,
cordial en su gratitud y que se abstenga de recriminar.
Mayor mérito tendrá aún si asiste a la iglesia,
da por amor a dios, pacta sus mercados
sin discutir y se niega por completo
a practicar la usura. Por último, que lleve bien
sus cuentas y no cometa errores.
Amén.

concluye Pegolotti.

La beneficencia

En la práctica de sus negocios el mercader da una parte a Dios y a los pobres siguiendo los dictados de la Iglesia. Al lado de la caja fuerte en la que guarda su dinero, una caja más pequeña contiene las monedas de poco valor, que sirven para las limosnas, y los días de fiesta las sociedades mercantiles dan a cada uno de sus miembros moneda suelta para distribuirla entre los pobres. Estas sumas están anotadas regularmente en los libros de cuentas.

Además, en Italia, cuando se constituye una sociedad comercial Dios recibe una participación en la empresa.

Como asociado, Dios tiene una cuenta abierta y recibe su parte de los beneficios, que constan en los libros con el nombre de «Mi Señor el Buen Dios», *Miser Domeneddio;* y en caso de quiebra tiene prioridad en el cobro de la liquidación. En los libros de los Bardi vemos que en el año 1310 Dios recibe 864 libras 14 sueldos. Dios, es decir, los pobres que le representan en la tierra.

Con ocasión de la firma de un contrato se acostumbra tomar a Dios como testigo y hacerle en agradecimiento una ofrenda llamada «Dinero de Dios», en Italia *Denaro di Dio* y en Alemania *Gottespfennig,* que se distribuye a los pobres.

A finales del siglo XI Pantaleone de Amalfi hace donación de unas puertas de bronce fundidas en Constantinopla, donde tiene grandes negocios, al Duomo de su ciudad natal y a la basílica de San Pablo Extramuros de Roma; manda construir una magnífica iglesia en la cima del Monte Gargano, donde apareciera el arcángel san Miguel; funda un hospital en Antioquía y restaura algunos monasterios en Jerusalén.

Los actos de beneficencia y las donaciones piadosas que llevan a cabo los mercaderes medievales son innumerables. Lestocquoy cuenta en Arrás 23 leproserías, hospicios o asilos fundados por familias de mercaderes. En Gante el famoso hospital de la Biloca es una fundación de los Uten Hove. Todos los grandes mercaderes y banqueros de Siena hacen donaciones al hospital de Santa Maria della Scala. En este hospital unos frescos de Domenico di Bartolo, obra única en su género, desarrollan un verdadero «ciclo hospitalario» dedicado a la representación de actos de caridad.

3. La actitud religiosa y moral

La penitencia final

Al final de su vida y en el momento de la muerte es sobre todo cuando los ricos mercaderes manifiestan sus sentimientos religiosos.

Algunos incluso abandonan su actividad, sus riquezas, e ingresan en las órdenes, se retiran a un convento para acabar allí sus días.

A principios del siglo XII Werimbod de Cambrai hace que el obispo anule su matrimonio, se separa de su mujer, y cada uno se retira a un convento, repartiendo limosnas. Distribuye sus bienes entre los pobres y dos abadías: Saint-Aubert y Sainte-Croix.

En Venecia el dux Sebastiano Ziani, proverbialmente rico gracias al comercio –se decía «rico como Ziani»–, en 1178 se retira al monasterio de San Giorgio Maggiore, al que lega todas las casas que bordean la Mercería desde la iglesia de San Julián hasta el puente de San Salvador, y al capítulo de San Marcos, entre otros muchos inmuebles, todos los que bordean la plaza de San Marco. Su hijo Pietro Ziani, también dux, se retira asimismo en 1229 al convento de San Jorge el Mayor.

El famoso banquero de Arrás Baude Crespin acabó sus días como monje de San Vaast a comienzos del siglo XIV.

Bernardo Tolomei, uno de los grandes banqueros de Siena, funda, con el monasterio de Monte Oliveto Maggiore donde se retira, la congregación de los olivetinos. La Iglesia lo ha reconocido como uno de los bienaventurados. Y no es el primer mercader elevado a los altares. A principios del siglo XII es canonizado Godric de

Finchale, y uno de los primeros actos del papa Inocencio III es la canonización de Homebon, un gran mercader de Cremona, en el año 1197. El ejemplo de san Homebon será utilizado más tarde por algunos autores piadosos, quienes le pondrán como ejemplo de que es posible ir al cielo a pesar de dedicarse al comercio (o gracias a ello). A través de ellos queda santificada toda la profesión.

Para estos grandes mercaderes la muerte es asimismo el momento del arrepentimiento y, conforme a las instrucciones de la Iglesia, el de la restitución a sus víctimas de todo lo que han adquirido indebidamente.

Se trata sin duda de remordimientos tardíos y cuyas consecuencias pesarán en especial sobre sus herederos, encargados de proceder a estas reparaciones. Les hemos visto actuar en el caso de Boinebroke.

Pero sin que se trate de restituciones propiamente dichas, son innumerables y considerables los legados a la Iglesia y a los establecimientos caritativos que los mercaderes hacen en sus testamentos. Francesco di Marco Datini da Prato, que ha sido un hombre de negocios metódico y ávido de ganancias[2], deja casi toda su fortuna, 75.000 florines, para obras de beneficencia.

El valor de estos sentimientos y los móviles de tales actos piadosos y caritativos son indudablemente discutibles.

---

2. Armando Sapori dice de él que es «el segundo tipo de mercader italiano», quien «a la generosidad y a la audacia añade un espíritu prudente y severo».

3. La actitud religiosa y moral

Los móviles religiosos

Puede parecer sospechosa una religión que mezcla tan fácilmente a Dios con los negocios, le pide éxitos terrenales y hace quizá que la fortuna dependa supersticiosamente de la protección divina. En el año 1433 el cambista Jacques de Saint-Antonin habla en Toulouse de los bienes «que Dios le ha concedido y que con la ayuda de Dios ha ganado en esta tierra». Observemos de todos modos que esta mentalidad que se ha querido presentar como una de las características de la Reforma la hallamos abundantemente en los mercaderes ya en la Edad Media.

Hay que creer asimismo que el temor a la Iglesia, que a pesar de todo disponía de poderosos medios de coerción temporal, inspiró muchos de los actos que en apariencia eran puramente caritativos o piadosos.

Sobre todo hay que observar, de acuerdo con eminentes historiadores, cuán decisivo fue en la mente de los mercaderes el miedo al infierno. Esta obsesión de casi todo el mundo en la Edad Media parece que afectó especialmente a los mercaderes. En medio de la prosperidad, con la fuerza del poder, hacen caso omiso de las frases que les repite la Iglesia, de las terribles imágenes que ante ellos esgrimen predicadores, confesores y artistas. Pero cuando se acerca la hora de rendir cuentas, ellos, que son conocedores de los implacables veredictos que pueden surgir de una balanza, ellos, que imaginan que Dios lleva unos libros de cuentas parecidos a los que llevaban ellos, se horrorizan al imaginar su pasivo. En ese momento se esfuerzan intentando que el fiel de la balanza se incline a su favor. Legan a toda prisa sus donativos a la Iglesia, efectúan las restituciones y, si es necesario, se entregan ellos mismos. Entonces, tal como se ve en el célebre tríptico de Memling, en el que se pesa a Tomaso Portinari, el gran mercader de Brujas, la balanza les abre el camino hacia el Paraíso de los Justos.

Que cada cual estipule el valor de semejante sentimiento y de tal comportamiento. No nos es posible negar ni que el temor del infierno sea una forma del deseo fundamentalmente cristiano de la salvación ni que la mentalidad medieval, menos sensible que la nuestra a lo que estamos tentados a llamar hipocresía, haya podido admitir más fácilmente la coexistencia de un gran cinismo y de una profunda religiosidad.

Mercaderes y herejías

Lamentablemente es muy difícil evaluar la participación de los mercaderes en los movimientos heréticos de la Edad Media. Es indudable que la eclosión de herejías que se produce en los siglos XII y XIII tiene relación con la expansión urbana... a pesar de que los vínculos entre las doctrinas cátara, valdense, patarina y las clases urbanas no se hayan podido establecer muy bien. Entre los herejes hallamos a mercaderes, especialmente en el Languedoc, en Provenza y en el norte de Italia. Es difícil precisar su número, su cometido, y más difícil todavía evaluar sus motivos. ¿Participación en la lucha contra el predominio eclesiástico?, ¿contra la Iglesia vinculada a la sociedad feudal?, ¿por motivos económicos o políticos?, ¿impulsados por razones más propiamente religiosas?

Sea como fuere, es necesario observar que en el propio seno de esta clase mercantil la influencia cristiana suscita a menudo reacciones de disgusto o de temor con respecto al dinero y al comercio. Mercaderes –hemos visto algunos– que renuncian a sus negocios y al mundo. Y también hijos de mercaderes que rompen con la actividad y la psicología paternas. Este movimiento puede llevar hasta muy lejos en el itinerario religioso. Puede llevar a la herejía, como en el caso de Pietro Valdo; o a las fronteras entre la herejía y la ortodoxia, como los *umiliati* italianos, orden de monjes-obreros, importantes en la industria lanera, a los que quizá perteneciera san Homebon de Cremona. Dentro de la Iglesia los hallamos en el movimiento franciscano, con el mismísimo san Francisco. Pero aquí chocamos con las contradicciones de esta orden, con su espiritualidad de la pobreza, con los problemas de conciencia de sus miembros. La pobreza de los exricos no es igual que la pobreza de quienes siempre han sido pobres. Para los primeros es un ideal, pero para los otros siempre se trata como de una maldición. Y entre estas agitaciones del mundo franciscano, mientras unos, aferrados a las viejas estructuras económicas, permanecen fieles a la idea de pobreza absoluta, hasta caer en las herejías, los otros, en contacto con las ciudades y con el movimiento comercial, toleran y justifican más fácilmente la actividad del mercader, la propiedad, el dinero –siempre y cuando permanezcan «pobres de espíritu»–.

V. Evolución de la actitud de la Iglesia con respecto a los mercaderes

El estudio de las relaciones concretas entre la Iglesia y los mercaderes nos lleva a corregir considerablemente los esquemas que los enfrentan. Para comprender su complejidad es necesario buscar una evolución y sus causas. El hecho de considerar a la Iglesia medieval monolítica e inmutable ha propiciado la elaboración de teorías de un inaceptable simplismo sobre su actitud frente a los mercaderes.

El período feudal

Cuando se desarrolla la revolución comercial, que no alcanzará su apogeo hasta los siglos XII y XIII, la Iglesia, por su posición económica, por sus lazos políticos, por su reclutamiento social, por su ideal, está íntimamente vinculada al mundo feudal y rural. Durante este período la Iglesia, poco abierta a los problemas del comercio, tiene en poca consideración al mercader. El hecho de que los judíos desempeñen todavía en esa época un cometido importante en Occidente en el comercio internacional refuerza a la Iglesia en su actitud de desprecio frente a tales actividades. Y por otro lado tolera de buen grado su papel económico –del que se benefician los cristianos–. Según la Iglesia, la sociedad cristiana se ajusta a la famosa clasificación de Adalberón de Laón: los nobles que defienden a la sociedad; los clérigos que ruegan por ella; los siervos que le dan vida gracias al trabajo rural, que por otro lado es indigno de las dos clases superiores. Sociedad militar, clerical y rural. La Iglesia se sorprende o se escandaliza cuando ve que un miembro de esta sociedad se dedica al negocio. *Ignobilis mercatura,* dice la vida de san Guidón de Anderlecht, en el siglo XI, y aquí *ignobilis* quiere decir evidentemente «no adecuado para un noble» más que infame, y al mercader que animó al santo a traficar se le califica de *diaboli minister:* ministro del diablo.

La Iglesia y la revolución comercial

No debe sorprendernos ver a la Iglesia modificar su actitud con respecto a los mercaderes al mismo tiempo que intenta separarse de la sociedad feudal. Roberto López ha revelado el cometido llevado a cabo por los monederos en el éxito de Gregorio VII. En su lucha contra la influencia que el feudalismo ejerce sobre la Iglesia, la Reforma gregoriana se ve obligada a buscar aliados en el mundo del dinero, del comercio, cerca de los mercaderes, nuevo poder. Recordemos las intervenciones del papa a favor de éstos. Pero una parte del mundo clerical sigue estrechamente vinculada al feudalismo y a su ideología. Son sus representantes retrógrados los que continúan durante mucho tiempo con los textos contra los mercaderes, los que lanzan invectivas contra el dinero, como san Bernardo, tan imbuido de espíritu feudal y rural, como estos predicadores levantados contra su siglo –como Jacques de Vitry–.

Pero la jerarquía eclesiástica es cada vez más favorable a la adopción del mercader. La Iglesia reconoce primeramente su impotencia frente a él, y pronto le necesita, y necesita su dinero y su actividad. Le Bras habla de «la usura al servicio de la Iglesia».

Como hemos visto, pronto el Papado no puede prescindir de la ayuda de los grandes banqueros italianos, y por doquier obispos y abades tienen que acudir a los grandes mercaderes y a los cambistas locales. No es exagerado pensar que éstos, en una sociedad impregnada por la religión, presionan a los clérigos para obtener de la Iglesia una rehabilitación y una justificación. Y la Iglesia canoniza a mercaderes lo mismo que por motivos políticos canoniza a miembros de las dinastías reales.

Todavía más, la Iglesia participa pronto en este movimiento. Indirectamente a través de sus banqueros —como en el famoso *trust* del alumbre, que en el siglo XV une a la Santa Sede con la Banca Médicis—. E incluso directamente. Ciertamente, las prácticas usureras están especialmente prohibidas al clero, pero al igual que durante la Alta Edad Media los monasterios desempeñan el papel de establecimientos de crédito, los abades y los obispos que poseen suficientes capitales ejercen de prestamistas y de usureros, haciendo caso omiso de las prohibiciones. A menudo tolerados, a veces actúan a pleno día. Si bien la Iglesia, rica sobre todo en bienes raíces generados en la crisis del feudalismo y de la economía rural, tiene que dejar para los laicos el papel preeminente en la expansión capitalista, vemos por ejemplo cómo en el siglo XIII la orden de los templarios se convierte en uno de los mayores bancos de la cristiandad, y cómo el orden teutónico, gran mercader de lana, mantiene por ejemplo un agente en Flandes alrededor del año 1400. Con mayor flexibilidad que con respecto a otras evoluciones, del pacto con el feudalismo la Iglesia pasa al compromiso con el capitalismo.

La Iglesia y los inicios del capitalismo

Ciertamente la Iglesia acusa la influencia de aquellos miembros de la rica clase mercantil que ingresan en las órdenes, y que cada día son más numerosos. Dice J. Lestocquo:

> He revelado los nombres de los hijos del patriciado de Arrás que han ingresado en la Iglesia: y se trata de la lista casi completa del propio patriciado.

En pleno siglo XIII el papa Inocencio IV pertenece a una gran familia de mercaderes genoveses: los Fieschi. La importancia de este nuevo reclutamiento eclesiástico no ha sido destacada suficientemente. Estos sacerdotes y estos monjes procedentes de la burguesía mercantil aportan los conocimientos de ésta a la Iglesia. A pesar de todo, y aunque se han desviado de la práctica de los negocios, tienen interés en justificar a sus allegados, ya sea por un espíritu de clase del que no se han podido librar por completo, ya por afecto carnal, ya porque el trato íntimo con los mercaderes les ha convencido de que éstos son unos buenos cristianos a pesar de que desobedezcan algunas de las prescripciones de la Iglesia. Un lector general de la orden franciscana que a principios del siglo XIV sale en defensa de los mercaderes niega que el préstamo a interés sea ilícito, puesto que, como dice,

[...] los mercaderes lo practican habitualmente y sin embargo no parecen despreocuparse por su salvación, lo que ocurriría si tales prácticas fuesen ilícitas.

Paradójicamente, donde hallamos a los más ardientes defensores de los mercaderes es en las nuevas órdenes del siglo XIII: las órdenes mendicantes. Son muchas las razones que empujan a numerosos dominicos y franciscanos a este cometido. En contacto con los medios urbanos, muchas veces procedentes ellos mismos de la clase de los mercaderes, fieles servidores del Papado deseoso de favorecer a sus nuevos protectores, poseen además a un mismo tiempo el conocimiento de las técnicas comerciales en las que les ha iniciado su medio y los métodos escolásticos que las universidades y los colegios de su orden les han enseñado. Ayudados por el Papado, ellos son, en los manuales de confesión y las grandes obras de teología y de derecho canónico del siglo XIII, los instrumentos de la justificación ideológica y religiosa del mercader. Así se comprende que en la Iglesia pueda haber tradicionalistas opuestos a los mercaderes y también, a finales de la Edad Media, una especie de reacción eclesiástica con respecto a los mercaderes. San Antonino de Florencia echa pestes contra la usura, contra el dinero, y enardece durante mucho tiempo a las masas. Pero se trata de una reacción verbal sin mayor importancia. Lleva el agua solamente a molinos de tímidas revueltas, como por ejemplo las de la Florencia de Savonarola.

3. La actitud religiosa y moral

La Iglesia acoge pronto al mercader, rápidamente admite lo esencial de sus prácticas. Lejos de haber representado un obstáculo para el desarrollo del capitalismo, podríamos preguntarnos si no le ha hecho un servicio incluso con su hostilidad. La condena de la usura, de ciertas formas de préstamo a interés, ha llevado a los mercaderes a perfeccionar sus métodos, a recurrir a sutilidades. El desarrollo de la letra de cambio, pieza maestra del progreso de la clase mercantil, encuentra su origen en el deseo de obedecer a la Iglesia, sustituyendo una operación de crédito que ella condena por una operación de cambio que tolera.

El ideal de la Iglesia: las clases medias

No obstante, si bien la Iglesia ha cedido e incluso se ha integrado parcialmente en el mundo capitalista, en este terreno su ideal no es el gran mercader, ante el cual conserva parte de su desconfianza, sino el artesano, el pequeño mercader, el miembro de las clases medias. El mercader de las corporaciones, sujeto por las estipulaciones que impiden el fraude, la competencia, protegen –por lo menos teóricamente– al consumidor y mantienen un equilibrio dentro de la mediocridad; el ideal de la Iglesia es el artesano teóricamente libre pero encerrado en el estricto marco de su ciudad y de su tienda, donde puede ser útil sin causar grandes males. Es a este artesano a quien protege la Iglesia hasta en su maltusianismo económico cuando, por ejemplo en los siglos XIV y XV, condena como si fueran un pecado las «novedades», las innovaciones técnicas que intenta introducir el mercader capitalista, en el marco de la competencia internacional.

Y le toma como modelo cuando pone nuevos mojones a la actividad del mercader, puesto que, en definitiva, la elaboración de los teólogos y de los canonistas del siglo XIII pretende solamente atajar la expansión capitalista, recomendar una ganancia moderada –*lucrum moderatum*–, el respeto del «precio justo» –*justum pretium*–, separar el buen mercader del mal mercader. El buen mercader es el que pone límite a sus horizontes, el que evita las ocasiones de pecado grave limitando su radio de acción.

Los mercaderes y el Renacimiento

¿Por qué en los albores del Renacimiento algunos grandes mercaderes buscan una evasión fuera de la Iglesia, fuera de la mentalidad religiosa tradicional? Quizá sea para escapar de esta atmósfera rarificada más que para sacudirse un yugo que, como ya hemos visto, es fácil de soportar.

Cuando se está elaborando el culto al poderío, al individuo, a la *virtù,* el gran mercader ve en ello un trampolín para su deseo de poder, de prospección, de descubrimiento.

Unos favorecen este Renacimiento intelectual que, al tiempo que satisface los deseos de sus acusadas personalidades, les permite ser humanistas sin abandonar una Iglesia a la que les vinculan una piedad que sigue siendo medieval y el sentido de sus intereses, puesto que la Igle-

3. La actitud religiosa y moral

sia puede ser, y es a menudo, un poderoso aliado social. Después de haber animado y financiado en Florencia el Renacimiento platónico, los Médicis darán a la Iglesia un León X, humanista y papa.

Otros se incorporan a la Reforma y le aportan esta espiritualidad del triunfo en la que a veces encontramos la extraña alianza del mundo y del cielo, de la religión y de los negocios, de Dios y del mercader.

Pero al margen de las condiciones locales, la actitud religiosa del mercader del siglo XVI es un asunto de elección individual.

Es posible que sobre todo el mercader tome conciencia de que la economía no es de la incumbencia de la Iglesia. Ésta, que en la Edad Media a menudo confunde sus exigencias morales con teorías positivas, reconoce trabajosamente que no puede tener doctrina económica, y que en efecto no la tiene. Y después de su esfuerzo totalitario medieval para abarcar el conjunto de las actividades humanas, le es difícil conformarse con los abandonos, con las distinciones impuestas por la evolución material e intelectual. Ahora bien, el Renacimiento hace dar un nuevo salto adelante al proceso de laicización que los siglos XII y XIII habían ya acelerado. En el siglo de Maquiavelo lo económico y lo religioso exigen ser separados, al igual que lo moral y lo político. Siempre habrá católicos que ejerzan de mercaderes, pero cada día habrá menos mercaderes católicos.

4. El papel cultural

I. Los mercaderes y la laicización de la cultura

Muchas veces se tiene la impresión de que en la Edad Media los clérigos tenían el monopolio de la cultura. Como si la enseñanza, el pensamiento, las ciencias y las artes fuesen hechos por ellos, para ellos, o por lo menos bajo su inspiración y su control. Es una falsa imagen que conviene corregir. El predominio de la Iglesia sobre la cultura únicamente fue casi total durante la Alta Edad Media. A partir de la revolución comercial y de la expansión urbana la situación experimenta un cambio. Por muy fuertes que sigan siendo los intereses religiosos, por muy poderoso que siga siendo el marco eclesiástico, algunos grupos sociales, viejos o nuevos, tienen otras aspiraciones, tienen sed de conocimientos prácticos o teóricos que no sean precisamente religiosos, crean instrumentos de saber suyos y medios de expresión propios.

El mercader desempeña un cometido capital en este nacimiento y en este desarrollo de una cultura laica. El mercader necesita conocimientos técnicos para sus negocios. Por su mentalidad tiende hacia lo útil, lo concreto, lo racional. Y podrá satisfacer sus necesidades y realizar sus aspiraciones gracias a su dinero y a su poder social y político.

Las escuelas laicas

Henri Pirenne, Armando Sapori y Amintore Fanfani han abierto el camino a una encuesta sobre la instrucción del mercader y su papel en la historia de la educación. Todavía no disponemos más que de informes dispersos referentes a un tema capital: las escuelas laicas medievales.

Es lógico pensar que los burgueses, es decir, esencialmente los mercaderes, obtienen muy tempranamente el derecho de abrir escuelas y lo utilizan —aunque esto depende de los lugares, y quizás un mejor conocimiento de las condiciones escolares nos ilustraría sobre los adelantos de tal o cual región en materia de organización comercial.

En 1179 existen en Gante escuelas comunales, y la condesa Matilde y el conde Balduino IX le reconocen solemnemente en el año 1191 la libertad de enseñanza —conquistada a pesar de la encarnizada resistencia de la Iglesia—. De una manera general, si bien la Iglesia logra conservar la enseñanza «superior» y una parte de la enseñanza « secundaria», tiene que abandonar la enseñanza primaria. Los hijos de la burguesía mercantil reciben las nociones indispensables para su futura profesión en sus *parvae scolae* o *scolae minores;* por ejemplo, en el año 1253 se permite que en Ypres cualquiera pueda abrir escuelas de este tipo.

Esta influencia de la clase mercantil sobre la enseñanza se hace sentir sobre todo en cuatro ámbitos: la escritura, la aritmética, la geografía y las lenguas vernáculas.

La escritura

Es sabido que la escritura está estrechamente vinculada a las necesidades a las que da respuesta. Depende estrechamente del medio que la utiliza, es eminentemente un «hecho de civilización». Es sabido que el paso de la vieja escritura, «cursiva antigua», a la escritura de la Alta Edad Media, «minúscula carolingia», únicamente puede explicarse por la sustitución de una cultura por otra. También el regreso a la cursiva en los siglos XII y XIII se integra en todo el movimiento económico, social e intelectual que conduce hacia el nacimiento de una sociedad nueva. En la diversificación de las escrituras que entonces tiene lugar, junto a la escritura de cancillería, elegante, cuidada, hecha para las actas solemnes, junto a la escritura notarial a la vez atormentada y con abreviaturas, hay que reservar lugar aparte a la escritura comercial, clara y rápida, que expresa «energía, equilibrio y buen gusto», que responde a las crecientes necesidades de la contabilidad mercantil, de la teneduría de libros y de la redacción de actas comerciales. Escribirlo todo, escribirlo rápidamente, escribirlo bien: ésta es la regla de oro del mercader. A finales del siglo XIII un genovés le aconseja: «Acuérdate siempre de asentar correctamente por escrito todo lo que haces. Escríbelo en seguida, antes de que se te olvide». Y un anónimo florentino del siglo XIV dice: «No se debe ser perezoso para escribir», *Allo scrivere non si puo essere tardo*. *Scripta manent* es todavía más apropiado para el mercader que para cualquier otro. Gracias a él la escritura, la escritura limpia y cómoda, la escritura útil y corriente, se sitúa en primer plano en las escuelas primarias.

La aritmética

Con la escritura, el cálculo. Su utilidad para el mercader es todavía más evidente. Su enseñanza se inicia con la utilización de instrumentos prácticos que sirven para que calcule el colegial, y luego el financiero, el comerciante. Son el ábaco y el tablero —«humildes antepasados de las modernas máquinas de calcular»—. Los manuales de aritmética elemental se multiplican a partir del siglo XIII, como el que escribe Paolo Dagomari de Prato, llamado Paolo dell'Abaco, en el año 1340. Algunos de los tratados científicos tanto sobre contabilidad comercial como sobre ciencia matemática tienen una importancia singular, como el *Tratado del ábaco* –*liber abbaci*– que en 1202 publica Leonardo Fibonacci, un pisano hijo de un oficial de aduanas de la República de Pisa en Bujía, África. Se inicia en matemáticas en sus viajes de negocios por el mundo cristiano-musulmán del comercio, por Bujía, Egipto, Siria y Sicilia, unas matemáticas que los árabes han tomado de la India. En su obra Fibonacci introduce el uso de las cifras arábigas, del cero, innovación capital de la numeración posicional, de las operaciones con fracciones, del cálculo proporcional. Llevando más lejos sus estudios, en el año 1220 publica una *Práctica de la geometría*. A finales de la Edad Media, en 1494, el franciscano Luca Pacioli escribe su famosa *Summa de Arithmetica,* compendio del saber aritmético y matemático del mundo del comercio, en el que se extiende principalmente en la contabilidad a doble entrada. No obstante a partir de 1450 en Alemania se difunde otro manual, el *Método de cálculo de Nuremberg*.

La geografía

Otro campo de investigaciones necesarias para el mercader es la geografía práctica –en la que alternan los tratados científicos, los relatos de viajes y la cartografía–. El famoso *Libro de las maravillas del mundo* de Marco Polo es uno de los *best-sellers* de la Edad Media, y en esta época se desarrolla el gusto por el libro de aventuras, incluso novelado, para asegurar el éxito del libro apócrifo de sir John Mandeville, en el que hay mucha imaginación. Las escuelas cartográficas genovesas y catalanas producen admirables portulanos, descripciones de los puertos, de las rutas marítimas y de las condiciones de navegación, acompañadas de mapas. En este medio erudito que escribía para especialistas y para profesionales provistos de compases, de astrolabios, de instrumentos astronómicos, es de donde surge Cristóbal Colón, que no parte hacia la aventura, como afirma la leyenda, sino provisto de un buen bagaje de conocimientos y de técnicas que le guían hacia una meta determinada. Destinados al mercader que parte hacia el extranjero, estos tratados enseñan, por ejemplo, «lo que hay que saber cuando se va a Inglaterra», como indica Giovanni Frescobaldi, mercader-banquero florentino, o «lo que tiene que conocer un mercader que va a Catay», es decir, a China, como escribe en una famosa página Francesco di Balduccio Pegolotti, agente de los Peruzzi.

Las lenguas vernáculas

Para entrar en contacto con sus clientes al mercader le es también indispensable el conocimiento de las lenguas vulgares. Los libros de cuentas y las actas comerciales se escriben en lengua vernácula desde época muy temprana, a pesar de la existencia de intérpretes en los principales centros de intercambios, se redactan diccionarios para uso de mercaderes, como un glosario árabe-latín, o sobre todo como un diccionario trilingüe en latín, cumán (lengua turca que era la jerga comercial desde el mar Negro hasta el mar Rojo) y persa. Al principio el francés es la lengua internacional del comercio en Occidente, sin duda debido a la importancia de las ferias de la Champagne. Pero pronto el italiano toma un lugar preeminente, mientras que en la esfera hanseática predomina el bajo alemán. No debe sorprendernos que los progresos de las lenguas vernáculas estén vinculados al desarrollo de la clase mercantil y de sus actividades. El texto más antiguo conocido en lengua italiana es un fragmento de cuenta de un mercader de Siena en 1211.

La historia

Los mercaderes no se contentan con estos conocimientos de base. Les interesa la historia. Ésta les sirve no solamente para glorificar a su ciudad y el papel que en ella desempeña su clase, sino también para situar y comprender los acontecimientos que son el marco de su actividad, de los cuales ellos son asimismo actores. En una página célebre y excepcional Giovanni Villani describe con cifras la Florencia de 1338: número de los habitantes, de los barrios, de las parroquias, de las corporaciones y de sus miembros, cifra de negocios de los más importantes, montante de los impuestos, balance de las finanzas públicas. En el siglo XV el veneciano Mariano Sanudo intentará asimismo una evaluación numérica del poderío veneciano. Así, junto a documentos oficiales, censos y listas fiscales, la literatura histórica alimenta –aunque en ocasiones tales datos pueden ser erróneos– la tan pobre estadística medieval. Se ha observado el hecho sorprendente de que «la historiografía florentina del siglo XIV es monopolio casi exclusivo de los hombres de negocios: Dino Compagni, Giovanni y Matteo Villani, Giovanni Frescobaldi, Donato Velluti y Marchione di Copo Stefani, que en cada generación componen estas crónicas precisas basadas en datos reales en los que el autor, aunque sea partidista, no se contenta con palabras, son hombres de negocios». De esta manera, al lado de los cronistas solamente atentos a los hechos políticos y religiosos, nace una categoría de historiógrafos preocupados por los aspectos económicos.

4. El papel cultural

Los manuales de comercio

Lo que determinados mercaderes han consignado en unos manuales de inestimable valor es el conjunto de sus conocimientos y de sus experiencias. Estas *Prácticas del comercio* enumeran y describen las mercancías, los pesos y medidas, las monedas, las tarifas aduaneras, los itinerarios. Proporcionan fórmulas de cálculo y calendarios perpetuos; describen los procedimientos químicos que permiten la fabricación de las aleaciones, de las materias tintóreas y medicinales; dan consejos tanto sobre la manera de defraudar al fisco como sobre el medio de comprender y de utilizar los mecanismos económicos. Están inspiradas por un vivo sentido de la dignidad de los mercaderes, de los que hemos visto algunos ejemplos.

Los más célebres son italianos. Se trata de las *Prácticas del comercio (Pratica della mercatura)* de los florentinos Francesco di Balduccio Pegolotti, que fue agente de los Peruzzi en Famagusta, en Brujas y en Londres, y Giovanni di Antonio da Uzzano; *El libro de las mercancías y costumbres de los diversos países (El libro di mercatantie et usanze de paesi)*, atribuido a Lorenzo Chiarini; y una obra veneciana anónima: *Tarifa y conocimiento de los pesos y medidas de las regiones y países que se dedican al comercio a través del mundo (Tarifa zoè noticia dy pexi et mesure di Ivoghie e tere che s'adovra marcadantia per il mundo)*.

Todo este bagaje intelectual, todas estas herramientas culturales van por caminos divergentes a los de la Iglesia: conocimientos técnicos profesionales y no teóricos y generales; sentido de la diversidad y no de lo universal que por ejemplo conduce al abandono del latín por las lenguas vulgares; búsqueda de lo concreto, de lo material, de lo mensurable.

Lo que incluso inquieta y desagrada a la Iglesia es la influencia del éxito comercial sobre el reclutamiento universitario. Las facultades con más alumnado son las que conducen a profesiones laicas o semilaicas, más lucrativas: la Facultad de Derecho y la de Medicina. La primera forma a esos notarios que en el siglo XIII son cada día más necesarios debido al desarrollo de los contratos comerciales. La segunda desemboca en esa profesión a menudo mixta de médico-boticario, e incluso especiero, que frecuentemente está en primera fila de la sociedad burguesa.

La racionalización

Y. Renouard ha destacado que la cultura mercantil ha llevado a la laicización, a la racionalización de la existencia. El escenario, el marco de la vida, deja de estar iluminado por la religión. Los ritmos de la existencia ya no obedecen a la Iglesia. Para el mercader medir el tiempo se convierte en una necesidad, mientras que la Iglesia, preocupada por la eternidad, se muestra torpe en este aspecto. Un calendario regido por fiestas movibles es eminentemente incómodo para el hombre de negocios. El año religioso empieza en una fecha variable entre el 22 de marzo y el 25 de abril. Para sus cálculos y para establecer sus balances los mercaderes necesitan puntos de partida y referencias fijas. De entre las fiestas litúrgicas eligen una secundaria, la de la Circuncisión, y hacen que sus cuentas empiecen y acaben el 1.º de enero y el 1.º de julio.

También la Iglesia había determinado las horas de acuerdo con las estaciones y las oraciones que se ajustaban a ellas. Maitines, primas y el ángelus se rigen por el sol y varían en el transcurso del año. Las campanas responden a los cuadrantes solares. Lo que le conviene al mercader es un cuadrante racional dividido en doce o en veinticuatro partes iguales. Es el mercader quien propicia el descubrimiento y la adopción de los relojes con sonería automática y regular. Florencia cuenta con relojes de este tipo ya en el año 1325, Milán en 1335, Padua en 1334, Génova en 1353, Bolonia en 1356, Siena en 1359. La ciudad francesa de Caen posee su «gran reloj» desde el año 1314, con una inscripción que reza:

> Puesto que la ciudad me aloja
> sobre este puente para hacer de reloj
> haré las horas escuchar
> para el pueblo común despertar.

A partir de este momento las vidas de las gentes ya no se rigen por la campana de la iglesia, sino por el reloj municipal, laico. La hora de los clérigos queda sustituida por la hora de los hombres de negocios.

Una cultura de clase

Pero por grande que fuese su influencia sobre el desarrollo de la enseñanza, no debe creerse que la clase de los mercaderes extendiera su beneficio a todo el mundo.

Unas veces su especialización original sumada al deseo de conservar los famosos secretos que quiere guardar celosamente la lleva a un aprendizaje interno –el que al salir de la escuela primaria sus hijos reciben en la rebotica paterna, en casa de algún asociado, o con un colega en el extranjero–, y esta enseñanza práctica reservada a los hijos de los mercaderes-banqueros nos muestra que en el mundo de los negocios medieval la movilidad social no es tan importante como a veces se ha dicho.

Otras veces la imposibilidad de que en las escuelas religiosas impartan a sus hijos una formación técnica apropiada y, sobre todo, muy precozmente, el deseo de manifestar su rango social por medio de la segregación escolar llevan a los mercaderes a contratar a preceptores para que impartan en su casa clases particulares a sus hijos.

II. El mecenazgo mercantil

Al mismo tiempo que los mercaderes desempeñan este papel en la evolución de la enseñanza, tienen también una gran influencia sobre el desarrollo literario y artístico.

El mecenazgo de la rica clientela mercantil tiene una fácil explicación. Para los mercaderes y los banqueros el encargo y la compra de obras de arte representa en primer lugar una fuente de beneficios, una inversión. Por lo menos algunos de ellos consideran estas obras como «mercancías», como «artículos». En Aviñón, en

4. El papel cultural

el siglo XIV, se establece un importante mercado de libros raros, de pinturas y de tapices como consecuencia de la estancia de la corte pontificia, que ha atraído a ricos clientes y provoca una larga confrontación entre los estilos y los gustos. He aquí, por ejemplo, y por lo demás en un momento en que Aviñón, abandonado por el Papado, ha perdido mucha importancia en este aspecto, una carta de Buoninsegna di Matteo, socio de Francesco Datini, a sus corresponsales florentinos, fechada en Aviñón el 17 de marzo de 1387:

> Decís que no halláis pinturas al precio que deseamos porque no las hay a precios tan bajos. Así, si no encontráis buenos artículos *[cose]* a buen precio, no compréis, porque aquí no hay demasiada demanda. Hay que comprar los artículos cuando el artista necesita dinero. Decidid vos mismo, porque nosotros no tenemos necesidad de meternos en el comercio de tales artículos, puesto que no son cosas que se puedan vender todos los días o para las que haya demasiados compradores. Pero si un día, buscando, encontráis un buen artículo de valor y el artista necesita dinero, entonces compradlo.
>
> Hemos vendido tres de las cinco piezas que Andrea compró, y hemos sacado 10 florines de oro contante de cada una, lo que nos ha supuesto un excelente beneficio. Si el artista a quien los ha comprado tiene buenos pequeños cuadros que cuesten 4, 5 o 6 florines contantes –pero tienen que ser buenos y baratos–, compradle uno o dos, pero no más; o bien podéis comprar alguno a otro artista mejor, porque si se trata de buenos dibujos los venderemos bien. Aquí la clientela es difícil.

Las fuentes bautismales de Tournai en el siglo XII, los marfiles parisienses en los siglos XIV y XV, los alabastros de Nottingham en los siglos XIV y XV, las cuberterías de Dinant y los tapices de Arrás a finales de la Edad Media son otros tantos objetos de gran exportación, y en los dos últimos casos se trata de unas industrias sustitutorias de las industrias tradicionales de consumo cotidiano ahora en crisis.

En el siglo XV P. Surreau colecciona en Ruán manuscritos, aunque se trata de prendas de sus deudores. Hemos visto anteriormente cómo Jacques Cœur y los Popplau comerciaban con objetos de arte.

Proteger a los artistas, adquirir sus obras, darles trabajo en iglesias y en edificios públicos es también una manifestación tradicional de riqueza y de rango social. Así, en la Alta Edad Media los señores y la Iglesia son los únicos clientes de los artistas. Esos nuevos ricos, los poderosos de la época, se suman a ellos y les relevan en este cometido. Además, con la riqueza, con la educación, con el contacto con las obras de arte en el transcurso de sus viajes, a menudo los mercaderes adquieren no solamente el deseo del lujo, sino el gusto por las cosas bellas. Como hemos visto, se trata de una clientela que cada día se vuelve más exigente, porque cada vez es más refinada.

Cuando los ricos mercaderes que dominan las ciudades convocan un concurso público para la realización de una obra de arte destinada a su ciudad, como por ejemplo los florentinos que sacan a concurso la decoración de las puertas del Baptisterio, lo hacen más para descubrir al artista capaz de crear la obra más bella que

4. El papel cultural

para encontrar a uno que ejecute el trabajo a un precio más bajo. Cuando en el Bargello comparamos los modelos de Donatello y de Ghiberti, aprobamos gustosamente la elección estética de los grandes burgueses florentinos.

Pero para los mercaderes muchas veces no se trata solamente de ejercer una función artística al igual que en beneficencia ejercen una función social. En muchos casos se trata también de controlar unos medios de influencia poderosos sobre el pueblo: control de la literatura para inspirar poemas o panfletos favorables a su persona, a su profesión o a su política; control del arte, cuyos temas tienen que responder a sus intenciones y a sus aspiraciones, medio sobre todo para contentar al pueblo dándole algo para admirar, para entretenerse, evitando así que se interese demasiado por la política o reflexione sobre su condición social. Poderoso instrumento de «diversión» que hace que el mecenazgo del mercader sea por ejemplo una continuación de la política patricia e imperial romana, que daba a la plebe *panem et circenses*. Esta política del mecenazgo la llevaron hasta sus últimas consecuencias las «señorías mercantiles» del siglo XV, y entre ellas la de los Médicis más que cualquier otra. Lorenzo el Magnífico supo utilizarlo magníficamente.

Tampoco debe sorprendernos si algunas veces la obra artística de los mercaderes mecenas levanta la cólera popular. Con ocasión de los tumultos y de los movimientos revolucionarios, una de las primeras preocupaciones del pueblo sublevado es destruir la casa de los ricos, símbolo de su dominación. Savonarola cuenta detalladamente su actuación iconoclasta, dirigida contra la política artística de los Médicis, expresión de su opresión. Ya en la Edad Media el vandalismo revolucionario es una actitud política, réplica del pueblo a la política de sus dueños, que por añadidura poco se han preocupado por educarles artísticamente.

Además, sólo excepcionalmente los ricos mercaderes tratan con una cierta consideración a los artistas a los que emplean. Únicamente los poetas, los eruditos y los filósofos son colmados de obsequios y de honores por algunos de estos ricos mercaderes, sobre todo en el siglo XV. La mayoría de las veces les consideran unos simples domésticos, a lo sumo unos artesanos cuyas obras adquieren como cualquier otra mercancía. Las obras de los pintores, de los arquitectos y de los escultores son consideradas un trabajo manual –y por consiguiente menospreciado–. El título de maestro que ostentan no significa otra cosa que «maestro de obras», «maestro artesano». Ya en el siglo XII los juglares, al servicio de la burguesía mercantil rica, tienen el humillante sentimiento de su dependencia, y el autor de un poema en honor de los mercaderes confiesa humildemente que hace su elogio obligado y forzado, puesto que sin el mercader el juglar moriría de hambre. Si bien numerosos artistas, y principalmente los humanistas del siglo XV, se enrolan voluntariamente en la domesticidad de las grandes familias mercantiles –precursores en este aspecto de los escritores-cortesanos de la época monárquica–, también algunos artistas son conscientes de su situación de trabajadores y de asalariados. Como Starnina, que en Florencia toma parte activa en el Tumulto de los Ciompi y por ello tiene luego que exiliarse.

III. La cultura burguesa

Pero hace falta mucha prudencia para establecer unas relaciones precisas entre los mercaderes, su mentalidad, sus metas, su política y las obras que encargan. La sociología del arte, llamada a renovar la historia del arte, está en sus inicios. No está segura ni de sus métodos ni de sus principios, y no está libre de pasos en falso o de temeridades atractivas, pero peligrosas. No debemos olvidar que el mecenazgo de los banqueros y de los mercaderes no siempre se materializa en obras significativas de la clase que las manda ejecutar.

Todavía a finales de la Edad Media la religión proporciona gran cantidad de los temas y lo esencial de la inspiración del arte. La Iglesia continúa ejerciendo un control sobre la producción literaria y artística, control que muchas veces puede contrariar el «espíritu burgués» de la feligresía comerciante. Cuando, después de la gran peste de 1348, el mercader florentino Buonamico di Lapo Guidalotti contrata a Andrea da Firenze para pintar unos frescos expiatorios en la Capilla de los Españoles de Santa Maria Novella, el tema de la obra es el triunfo de la Iglesia y de los dominicos, sus fieles instrumentos. La burguesía se conforma con servir la causa de la Iglesia, la cual a su vez la sirve a ella garantizando un orden social que la favorece y proporcionando unas explicaciones de los acontecimientos que no ponen en tela de juicio la organización de la economía y de la sociedad.

Hay que contar también con la independencia de los artistas. Por muy sujetos que estén debido a las condiciones que les imponen quienes les contratan, que a menudo determinan hasta el más mínimo detalle los temas y la ejecución de sus encargos, en muchas ocasiones el genio del artista sigue siendo en definitiva el único dueño de lo esencial. A veces el artista encuentra incluso cómo expresar de una manera disfrazada sus intenciones críticas con respecto a sus empleadores, siendo una de las tareas más difíciles de los sociólogos del arte localizar estas intenciones escondidas, sin caer en el abuso de unas explicaciones fantásticas. ¿Será un movimiento de oposición popular lo que quisieron expresar los pintores toscanos de la segunda mitad del siglo XIV que reavivaron el estilo gótico tradicional e insistieron en los temas del retiro de los ermitaños al desierto, del mal ladrón de la crucifixión, de la resurrección de Cristo? En el estado actual de nuestros conocimientos, ver en todo esto unos temas protestatarios y revolucionarios es coyuntural y aventurado.

Por último, es muy importante observar que el gusto de la burguesía mercantil no siempre ha sido original. Al principio, cuando la falta de educación artística obliga a los nuevos ricos a adoptar el gusto de las clases dominantes tradicionales, más tarde cuando los mercaderes, como hemos podido ver, están cada vez más deseosos de ingresar en la nobleza, de acortar las distancias entre la vieja aristocracia y la nueva que ellos quieren constituir, las tendencias artísticas burguesas no se distinguen de las de la nobleza y de la Iglesia. Se ha dicho que para convertirse en noble el mejor medio es en primer lugar adoptar el «género de vida» noble. ¿Qué mejor terreno que el de la literatura y del arte ofrece a los mercaderes la ocasión de esta asimilación? Aquí es donde pueden imitar rápidamente las maneras nobles. Es sabido que Génova fue el «centro de difusión de la poesía provenzal en Italia». Miembros de las más grandes familias de mercaderes genoveses –un Calega Panzano, un Luccheto Gattilusio– cantan y riman en provenzal, en ese *dolce stil nuovo* en el que se ha reconocido una de las formas más aristocráticas, más refinadas, más «estéticas» de la poesía. Un hombre de negocios veneciano, Bartolomeo Zorzi, encarcelado en Génova, consagra una parte de sus ocios forzados a justas poéticas con el genovés Bonifacio Calvo.

La poesía cortesana, en la que se ha visto la delicada flor del arte de una sociedad señorial decadente, ha sido cultivada muy tempranamente por la burguesía mercantil. Se ha subrayado la labor desarrollada por el patriciado de Arrás en el movimiento poético de la ciudad en el siglo XIII. Mateo el Sastre, de una rica familia de banqueros, se dedica a la poesía como todos esos mercaderes que se apasionan por un género literario nuevo, una discusión poética de casuística amorosa en la que el poeta se pregunta, por ejemplo, si es «más triste ver cómo contrae matrimonio una persona a la que se ama tiernamente o verla morir». Los mercaderes son los grandes animadores de estas sociedades literarias que encontramos en el siglo XV tanto en los «Puys» normandos como en las «Cámaras de retórica» flamencas o los círculos platónicos florentinos. Si en alguna canción de gesta –las *Enfances Vivien*– de la poesía épica encontramos el antagonismo entre la psicología noble y guerrera y la mentalidad mercantil y utilitaria, en *Henri de Mes* ambas pueden cohabitar en el mismo personaje, como el mercader Thierry, que el duque de Lorena convierte en su yerno y heredero.

> Pues fue tan gran caballero
> que con gran dolor mató a los wandres;
> vengando al santo varón remi
> y a san Nicasio el arzobispo gentil.

¿No hay pues en la literatura y en el arte una influencia específica de la burguesía mercantil?

La arquitectura

Donde primeramente se nota la huella burguesa es en la arquitectura. La Alta Edad Media asiste a la expansión de dos tipos de monumentos: la mansión señorial, el castillo-fortaleza, y el edificio religioso, la iglesia. Más tarde se desarrollan otras dos categorías monumentales: la arquitectura civil pública y la casa patricia, que sólo progresivamente se van librando del carácter militar de la Alta Edad Media. Tanto la necesidad de defenderse como el deseo de prestigio llevan a los primeros ricos urbanos a construir sus casas provistas de torres, cuyos sorprendentes vestigios pueden verse todavía en San Gimignano. Efectivamente, estas torres son una señal contundente de la asimilación de la rica burguesía con la nobleza. Una vez convertidos en propietarios de tierras, los mercaderes de la ciudad francesa de Metz fortifican su granja, como Perrin Anchier en Ladonchamps entre 1313 y 1325, como los Hesson en la finca de Brieux hacia 1318. Esta costumbre pasa de Italia a Alemania: en Regensburg hay, en el siglo XV, una cuarentena de mansiones burguesas con sus torres. Pero pronto los palacios de los patricios pierden muchos de sus aspectos militares. No obstante, en Florencia el temor de los motines o de las revueltas, el deseo de garantizar el secreto de la actividad interna de los mercaderes, hacen que los palacios de los Médicis o de los Strozzi conserven aún durante mucho tiempo ese aspecto severo que recuerda a una fortaleza. En Siena numerosos palacios de grandes familias de mercaderes, como el palacio Salimbeni, están todavía provistos de almenas. Pero un poco por doquier las ricas mansiones patricias se van abriendo al exterior mediante ventanas o galerías en las cuales los mercaderes ofrecen a sus conciudadanos el suntuoso escenario de sus ceremonias familiares: bodas y funerales —como la galería de los Guinigi en Luca—. Sobre todo la búsqueda de la elegancia se manifiesta en los admirables patios interiores, una de las primeras manifestaciones del espíritu del Renacimiento. En Venecia, libre de los temores de la guerra y de los motines en el interior de sus muros, es donde con más esplendor se manifiesta la búsqueda del material, de la ligereza, de la suntuosidad de las fachadas, como todavía hoy atestigua el extraordinario ornato de mármol y de piedra a lo largo de las orillas del Gran Canal.

La pintura

También la pintura lleva la marca del mecenazgo de los mercaderes. En las iglesias, son las capillas los lugares donde las grandes familias del comercio y de la banca celebran sus ceremonias privadas, donde se hacen enterrar y cuyas paredes hacen adornar con frescos: capilla de los Peruzzi y de los Bardi en Santa Croce, de los Scrovegni en Padua –donde florece el arte de Giotto–, de los Strozzi y de los Pazzi en Santa Maria Novella, capilla Brancacci en Santa Maria de Carmine –en la que Masaccio revoluciona el arte de fresco–, capilla del palacio Médicis –donde Benozzo Gozzoli representa a los miembros de la ilustre familia en el fresco de los Reyes Magos–, coro de Santa Maria Novelle –en la que Ghirlandaio ha conservado los rasgos puros y serenos de las mujeres de la familia Tornabuoni–.

Donde la clientela mercantil ejerce una profunda influencia es en el arte del retrato. Sentimientos piadosos y gusto por el prestigio hacen asimismo que el mercader quiera verse representado en estas pinturas. Junto con el noble y el clérigo de alto rango, el mercader comparte el deseo de aparecer con los rasgos del donante y de inmortalizarse. A veces participa en la acción del cuadro, como en el tríptico de Memling del *Juicio final,* en el que Tommaso Portinari y su esposa aparecen pesados por el arcángel san Miguel. Pero los mercaderes son los que con más vehemencia quieren imponer a sus contemporáneos y a la posteridad su presencia eternizada. No tienen bastante con hacerse representar a veces –pocas– con los atributos de su función, como el famoso tasador de oro con su esposa, rodeados más a menudo del lujo de su interior burgués, como en el célebre cuadro de Van Eyck *Arnolfini y su esposa.* Como no tienen –como los nobles, los obispos y los abades– blasones, emblemas, mitras o báculos que simbolicen su rango social, los mercaderes están más preocupados por la reproducción exacta de sus rasgos. El realismo del retrato que responde a otras causas de la evolución de la pintura refleja también el deseo del mercader comanditario de que le reconozcan gracias al parecido. No quiere que le confundan con otro, lo mismo que en sus negocios certifica la originalidad y el valor de su firma comercial.

En estos cuadros le gusta que se le represente en el decorado de su interior, con los muebles señoriales, los objetos de uso cotidiano, y este escenario, a la vez familiar y rico, se desborda en la pintura religiosa. Las vírgenes de la Anunciación y los santos en su retiro están representados como burgueses, y burgueses en su interior, como san Jerónimo, que ha abandonado la gruta de la pintura primitiva sustituyéndola por un despacho de mercader humanista. También le gusta representarse rodeado de su familia, sobre todo de sus hijos, testimonio de la continuidad de su hogar, de sus negocios, de su prosperidad. Arnolfini aparece pintado al lado de su esposa encinta, un detalle realista pero asimismo un símbolo de fecundidad, al igual que la *Madona de Monterchi,* de Piero della Francesca.

Las artes menores. El lujo

Quizá la influencia del mercader es todavía mayor en la evolución de las artes menores. Antes de él la Iglesia las poseía casi en exclusiva: orfebrería de los relicarios, telas preciosas de los ornamentos litúrgicos y de las vestimentas eclesiásticas. Ahora las joyas y los muebles son el orgullo de la familia burguesa. Gracias a estos ricos mercaderes dos artes menores se colocan en el rango de las más grandes. La pintura sobre tabla practicada por célebres artistas para la ornamentación de esos *cassoni* –cajas o verdaderos cofres de novia– en los que la joven esposa guarda su ajuar y sus regalos (algunos de ellos figuran entre las piezas más finas de los grandes museos, como en la Galería de la Academia de Florencia); y la tapicería, que a partir del siglo XV experimenta un resurgimiento, de modo que después de Arrás aparecen las fábricas de Lille y de Bruselas.

También en la moda y la indumentaria la rica burguesía –nueva clientela selecta– promueve un impulso incomparable. Por muy espléndidos que sean los hombres, que no tienen nada que envidiar a los nobles ni a los dignatarios de la Iglesia, son sobre todo las mujeres las que crean una considerable demanda. Su lujo se manifiesta muy pronto y las convierte en el blanco de las burlas de los poetas, de las invectivas de los moralistas y de los predicadores.

El contraste entre la simplicidad de las costumbres de los viejos tiempos y el lujo desenfrenado del presente llega a ser uno de los temas de los escritores florentinos. Hablando de un matrimonio burgués de antaño, Dante pone en labios de su bisabuelo esta frase:

> He visto a Bellincion Berti vestido con un cinturón de cuero y de hueso y a su mujer volviendo del espejo con el rostro sin maquillar. ¡Asurbanipal todavía no había llegado!

4. El papel cultural

Francesco Saccheti escribe:

Hablando de las mujeres nunca acabaríamos, empezando por los inverosímiles arneses de sus pies y acabando por la cabeza; pasan sus días en las terrazas (para broncearse al sol): se rizan, se alisan y se lavan hasta tal extremo que a menudo mueren acatarradas.

Este mismo autor pone en boca de un artista florentino esta opinión de que los florentinos son los mayores pintores y escultores de su tiempo:

Si no me creéis, observad por todo nuestro país, y no hallaréis ninguna mujer negra. Y esto no se debe a que la naturaleza las haya hecho blancas a todas ellas; sino que, gracias a sabios cuidados, por negras que fuesen la mayoría se han vuelto blancas. Y lo mismo ocurre con sus rostros y sus cuerpos: sean derechos, torcidos o contrahechos, ellas saben dejarlos a unas proporciones agradables gracias a innumerables estratagemas y artificios.

Ya en el siglo XIII los poetas de Arrás satirizan a las mujeres de los ricos banqueros de la ciudad. Hablan de una que, acicalada, tiene una cabeza tan dorada que parece un retablo o un crucifijo precioso; su cabello está cubierto de oro y de plata; y, sin embargo, dentro no hay más que podredumbre. El testamento de Jeanne Socquel describe su colección de mantos con capucha de terciopelo de todos los colores, sus pieles, sus vestidos, sus cinturones adornados con perlas. Las leyes suntuarias, inspiradas por eclesiásticos austeros, por ancianos tristes y por nobles envidiosos, son impotentes contra la invasión del lujo. En 1314 Felipe el Hermoso prohíbe en vano a los burgueses y burguesas que lleven pieles de mucho precio. En vano la municipalidad de Pistoia toma en 1332-1333 medidas contra el tocado femenino, el lujo de los regalos y de los banquetes de bodas, y la pompa de los funerales; en vano santa Catalina de Siena inspira parecidas medidas en Siena; en vano Florencia, después de la Gran Peste, intenta poner freno al incremento de la munificencia de los supervivientes; en vano Venecia instituye una magistratura especial encargada de reglamentar el lujo. Y no olvidemos el arte gastronómico, que hace progresos con el refinamiento del gusto y la adopción de platos y de recetas extranjeros −los numerosos manuales culinarios que han llegado hasta nosotros dan fe de ello−. Vemos que a finales del siglo XV entre la rica burguesía mercantil de Ruán crece la importancia del consumo de azúcar y de frutos mediterráneos.

A menudo el comercio se beneficia de este lujo. Citemos dos mercancías cuya demanda ya es considerable en los siglos XIV y XV: las pieles, procedentes del Norte y de Rusia a través de las ciudades hanseáticas o de las sucursales italianas del mar Negro, y el azafrán, reclamado por la tintorería, la perfumería, la medicina y la cocina y cuya importancia en la Baja Edad Media ha destacado A. Petino.

El mercader y la sociología del arte

¿Podemos ir más allá de estas observaciones referentes a la influencia muchas veces externa de la clientela mer-

4. El papel cultural

cantil sobre el desarrollo artístico? Esto es lo que sostiene la sociología estética, y va a resucitar muchos problemas. Sus hipótesis son todavía arriesgadas.

Frédéric Antal ha querido reconocer en los temas y los estilos de la pintura toscana del siglo XIV y principios del XV las oposiciones que esconden los antagonismos entre la clase de la rica burguesía mercantil y la clase, democrática, de la pequeña burguesía artesanal, esporádicamente apoyada por el proletariado obrero y los campesinos. La primera hace triunfar sus puntos de vista en pintura con Giotto. La humanización de la religión, el aburguesamiento de la pintura de la vida de Cristo y de la Virgen, la insipidez del espíritu franciscano por un artista que se convierte asimismo en un rico y duro capitalista y escribe un poema contra la pobreza, la aparición de un estilo familiar, narrativo, descriptivo, he ahí lo que revelaría la influencia del espíritu burgués en la pintura de Giotto y posgiottesca, pintura de las ricas familias florentinas. Por el contrario, después de 1348 el retroceso económico y político de esta clase restablece durante cerca de un cuarto de siglo la moda del estilo gótico, simbólico, lírico, estilo de la reacción democrática. Analizando la pintura florentina y sienesa de después de la Peste Negra, M. Meiss ha intentado también descubrir en la conmoción de la sociedad y especialmente de la rica burguesía mercantil la aparición de un estilo nuevo que se aparta de Giotto y busca temas de inspiración directamente relacionados con los acontecimientos y las reacciones afectivas frente a ellos.

Pierre Francastel ha tratado de relacionar pintura y sociedad en la Italia del siglo XV a un nivel más profundo de las propias estructuras de la pintura. La aparición de una visión y de una representación nueva de la realidad –el espacio del Renacimiento–, lo que tradicionalmente llamamos el descubrimiento de la perspectiva, solamente se explica en función de los adelantos técnicos, económicos e intelectuales de la gran burguesía. Ya hemos visto cómo esta burguesía ha vencido materialmente al espacio, cómo se ha preocupado por comprenderlo, por dominarlo, por medirlo. Esta domesticación del espacio por parte de la clase mercantil también ha tenido lugar en la pintura italiana del Quattrocento, cuyos artistas dependen de esta clientela burguesa. F. Brancacci, que contrata a Masaccio para que pinte los revolucionarios frescos de la capilla de las Carmine, es uno de los primeros cónsules de la mar de Florencia, un hombre que ha viajado a Egipto, un hombre de amplios horizontes. De este modo se ensanchan también los horizontes de la pintura. El espacio pictórico será en adelante a la medida del hombre, hecho para ser medido y recorrido, mientras que la perspectiva gótica respondía a una visión plana, sincrónica, eterna: la de Dios. También aquí aparecen la laicización, la humanización y la racionalización, y el mercader es en gran medida responsable de ello.

La literatura

Muy delicado es también delimitar exactamente la influencia del mecenazgo de los mercaderes sobre los caracteres internos de la literatura medieval. A ciertos géneros que se desarrollan en el medio urbano a partir del siglo XII se les ha llamado literatura burguesa. Pero harían falta estudios precisos para poder definir lo que en las trovas, en las sentencias y en las moralejas se debe a un nuevo espíritu aportado por una clase social nueva. Una moral terrena, hecha de prudencia y de sentido común práctico, ligada a la preservación del dinero, de la propiedad, de la familia, de la salud –una moral de propietarios y de comerciantes–, el propio gusto de moralizar, pero que habría que distinguir de la prédica religiosa, no en la forma, lo que es muy fácil, sino en el espíritu, que es más difícil, pues, ¿no existen moralistas predicadores y predicadores de moral burguesa? El gusto por el detalle realista y familiar aportado por una clase apegada al aspecto material de la vida y sensible a las apariencias, el gusto por la comicidad, por la ironía un poco cargada, incluso por lo burlesco; y la farsa medieval, más que popular, es quizá burguesa con su burla de las condiciones sociales, su crítica muchas veces poco caritativa del prójimo. Una literatura de gentes que viven en contacto, como competidores, se observan, se acechan, se denigran.

El humanismo

Se ha hablado también de todo lo que el humanismo naciente debe al mecenazgo de los mercaderes, a su mentalidad, a su deseo de justificar su posición terrenal. Tres grandes temas de la literatura humanista, y más precisamente de la literatura italiana del Quattrocento, le deben mucho.

El tema de la riqueza, fuente de virtudes, de perfeccionamiento, de disfrutes exquisitos, de aprobación divina. Según Leonardi Bruni, es Poggio Bracciolini –el Poggio–, familiar de los Médicis, quien hace de la riqueza la expresión tangible de la actividad humana.

El tema de la fortuna, que, entremezclando la idea de riqueza con la de azar y de tempestad, es como un compendio de los actos y de los ideales del mercader. Gracias al magnífico estudio de A. Warburg sabemos que es un tema que el mercader impone a los artistas contratados por él. Hallamos la fortuna por doquier: en el escudo y en la fachada del palacio de los Rucellai, y en el pavimento de la catedral de Siena.

El tema de la virtù, de la energía, expresión de la personalidad humana y fuente del éxito terrenal. Como se ha dicho, existe una *virtù* del hombre de negocios enfrentado a los elementos, los hombres, las mercancías, el dinero. Según el Poggio, en su obra *Liber de Nobilitate,* es la *virtù,* apoyada en la riqueza, la que obliga a la fortuna a obedecer.

No siempre los mercaderes se han limitado a participar indirectamente con sus encargos en todo este movimiento que desembocará en lo que se ha llamado, tanto en la moral como en el arte, el espíritu moderno. Sino que muchos de ellos son personalmente aficionados cultivados e incluso poetas y filósofos. Lorenzo el Magnífico es el ejemplo más brillante.

Aquí volvemos a encontrar el problema de las generaciones del que ya hablamos anteriormente. El mercader humanista es también a menudo un mercader que se interesa menos por los negocios, resta de sus empresas comerciales lo que da a sus intereses artísticos, gasta en lujo lo que antes invertía en mercancías. Quizá sea un signo de decadencia, pero aquí también el rol cultural es a un mismo tiempo causa y efecto. Si bien acentúa la decadencia de los negocios, muy a menudo se desarrolla porque éstos habían ya decaído. Entonces el dinero amasado se invierte en bienes culturales, y esta nueva dirección de los gastos, impuesta por la crisis económica, la limitación de los horizontes comerciales, la inadaptación de la organización profesional a unas condiciones nuevas, quizá sea también una especulación no solamente intelectual, sino material. Muchas veces el mecenazgo de los grandes mercaderes-banqueros se inscribe en una política cultural de las ciudades destinada a reanimar su economía. En el momento en que las vías comerciales se desvían de ellas, en el momento en que sus riquezas amasadas ya no encuentran dónde emplearse en las empresas tradicionales, es cuando las ciudades gastan su tesoro en adornarse con magnificencia. Pero esta última explosión no es solamente la traca final de un fuego de artificio que se acaba, sino que a veces es también el punto de partida de una política turística destinada a atraer a peregrinos y a viajeros –fuente de nuevos beneficios–. Así pues, reconversión económica, parcialmente.

IV. Mercaderes y civilización urbana

Sea como fuere, ante todo tenemos que reponer el mecenazgo de los hombres de negocios de la Edad Media en este escenario urbano.

En lo que a menudo piensan es en su ciudad. Ésta se encuentra en primera línea de sus cuidados, de sus afectos. Ciertamente el patriotismo urbano de los mercaderes también es interesado. Su ciudad es el centro y el fundamento de sus negocios y de su poderío. Si la ciudad les debe mucho, los mercaderes le deben a ella también mucho. Saben que la ciudad es uno de los pilares de su fuerza. También en el extranjero los mercaderes pronto recomponen una unidad a su imagen. Las *naciones* de los mercaderes extranjeros con su organización corporativa, sus cofradías y sus fiestas en honor de los santos de su tierra, agrupadas en un distrito de la ciudad extranjera, hacen renacer allí la patria que han dejado pero a la que siguen sirviendo. En Brujas hay una pequeña Florencia, una pequeña Génova, una pequeña Luca. Y cuando un mercader no tiene «corresponsal», no tiene representante personal en una plaza extranjera, se dirige a un compatriota. Los Médicis dan a sus subordinados recomendaciones estrictas sobre los colegas a los que tienen que dirigirse allí donde la firma no tiene sucursales. Todos ellos son florentinos.

Ciertamente este patriotismo no siempre se mantiene inquebrantable. No siempre cede al interés cuando éste le es contrario, y con el tiempo se ve obligado a relajarse. Al principio el mercader no duda en tomar las armas, batirse y dar la vida por su ciudad. En 1260, en el momento en que Siena lucha contra Florencia, en vísperas de su gran victoria de Montaperti, a los mercaderes les ha costado caro en dinero –Salimbene del Salimbeni ha dado 118.000 florines al municipio para el esfuerzo de guerra– y en vidas –Orlando Bonsignori, el jefe de la familia más rica de banqueros sieneses, es movilizado; Arnaldo Peruzzi, el gran mercader florentino, halla la muerte en una batalla contra el emperador Enrique VII–. En su calidad de grandes personajes de sus ciudades, los ricos mercaderes son llamados también a representarlas incluso en las circunstancias más trágicas. Desde principios del siglo XIII, después de la batalla de Bouvines, un Uten Hove figura entre los rehenes entregados por Gante a Felipe Augusto, y es de todos conocido el famoso episodio de los burgueses de Calais en el siglo XIV.

Pero con el tiempo los mercaderes pronto se niegan a ser soldados. La dimensión de sus negocios ya no les permite perder su tiempo en la guerra, y la amplitud de sus riquezas les permite redimirse de ella. Y se recurre a los mercenarios, al sistema de la *condotta*. El mercader se dedica a sus negocios y paga al *condottiero* que hace la guerra. El mercader se ha convertido en un civil.

Cuando a finales de la Edad Media se organizan los estados centralizados, si bien el mercader encuentra en ellos un marco más amplio para su actividad, no siempre traslada a estas grandes patrias nacientes el amor que siente por la pequeña patria urbana. Recién terminada la reconquista del reino de Francia por Carlos VII sobre los ingleses, son muchos los mercaderes «colaboradores» que tienen que retractarse o cambiar de chaqueta. Mollat ha descrito la personalidad de uno de ellos: Jehan Marcel, de Ruán. Y unos años más tarde el famoso Jacques Cœur, tesorero del rey de Francia, no duda en pasar a un enemigo –el rey de Aragón– unos informes secretos cuya entrega favorece los negocios del gran financiero. Hasta este límite extremo de la traición los grandes capitalistas inauguran su carrera de poderío internacionalista, elementos de un reino del dinero que únicamente reconoce fronteras en el caso de que favorezcan sus intereses.

Pero a lo largo de toda la Edad Media el amor de los mercaderes hacia su ciudad se manifiesta sobre todo en el cuidado que tienen para embellecerla. Incluso a veces, como en Alemania, imponen a la ciudad su planificación. H. Planitz cuenta que en el siglo XIII «no solamente el mercado tiene que ser el centro de la ciudad, sino que la ciudad entera se edifica a partir de este punto central». Un ejemplo sorprendente de ello es Wiener Neustadt. En todas partes los mercaderes contribuyen al ornato monumental de su ciudad. Primeramente con sus hogares, los bellos palacios de los que ya hemos hablado. Luego con los edificios profesionales y corporativos –mercados de Ypres y de Brujas, Poorterslogie de Brujas, Loggia della Mercanzia de Siena, sala del Collegio della Mercanzia de Perusa, Casa del Arte della Lana en Florencia y, sobre todo, quizás, Or San Michele y su adorno de estatuas de los santos protectores de los mercaderes–. Con los monumentos religiosos que mandan construir o adornar, con la espléndida decoración de frescos que hacen pintar, con el ornato de los capiteles (como el de los mercaderes de glasto de la catedral de Amiens), de los medallones (como los del campanile de Florencia, verdadera enciclopedia de los oficios), de las vidrieras (como la elegante nave de la capilla de Jacques Cœur en Brujas). Pero también con todos los edificios comunales en los que despliegan su poder político: ayuntamientos y campanarios de Flandes, palacios municipales y campaniles de Italia; esos mercaderes merecen un recuerdo en el Campo de Siena ante los 102 metros de la Torre del Mangia y el deslumbramiento del Palazzo Pubblico dentro del cual Ambrogio Lorenzetti magnifica el gobierno de los mercaderes en el más extenso ciclo pictórico profano de la Edad Media.

Ahí, en ese escenario urbano que ha llegado hasta nosotros, es donde tenemos que representarnos al gran mercader de la Edad Media. Despidámonos de él viéndole atravesar una plaza de Florencia en el célebre fresco de la capilla Brancacci. Vestido con suntuosidad, se adelanta orgullosamente entre el monumental decorado de la Florencia del Quattrocento que tanto le debe y el edificante grupo de san Pedro curando a Tabitha. Ahí es donde tenemos que saludarle por última vez, entre su gloria y su vanidad.

Bibliografía

1. Trabajos de conjunto

CARUS-WILSON, E. M., *Medieval Merchants Venturers*, 1954.

FAVIER, J., *De l'or et des épices. Naissance de l'homme d'affaires au Moyen Âge*, 1987.

GOUREVITCH, A. J., «Le marchand», en J. De Goff (dir.), *L'homme médiéval*, 1989, pp. 267-312.

LESTOCQUOY, J., *Aux origines de la bourgeoisie: les villes de Flandre et d'Italie sous le gouvernement des patriciens (XI-XVe s.)*, 1952.

LÓPEZ, R. S., *La révolution commerciale dans l'Europe médiévale*, 1974.

–, y Raymond, I. W., *Medieval trade in the mediterranean world*, 1955 (documentos con introducción y notas).

MALOWIST, M., *Studia z dziejow w okresie kryzysu feudalizmu w Zachodniej Europie w XIV i XV w.*, 1954 (resumen en francés).

MONNET, P., «Marchands», en J. Le Goff y J.-Cl. Schmitt (dir.), *Dictionnaire raisonné de l'Occident médiéval*, 1999, pp. 625-638.

PIRENNE, H., *Histoire économique et sociale du Moyen Âge*, PUF, París, 1969.
RENOUARD, Y., *Les hommes d'affaires italiens du Moyen Âge*, 1968.
ROMERO, *La revolución burguesa en el mundo feudal*, 1967.
SAPORI, A., *Le marchand italien au Moyen Âge*, 1952 (abundante bibliografía).
SIEVEKING, H., «Der Kaufmann im Mittelalter», *Schmollers Jahrbuch für Gesetzgebung, Verwaltung und Volkswirtschaft*, 1928.
TANGHERONI, M., *Commercio e navigazione nel Medioevo*, 1996.
Studies in English trade in the XVth century, ed. E. Power y M. M. Postan, 1933.
The Economic History of Europe, III: Economic Organization and Policies in the Middle Ages, 1963.
Le marchand au Moyen Âge (collectif), Société des Historiens médiévistes de l'Enseignement supérieur, 1992.
L'ayent au Moyen Âge (collectif), Société des Historiens médiévistes de l'Enseignement supérieur, 1998.

2. Historia de las técnicas comerciales

BOITEUX, A., *La fortune de mer. Le besoin de sécurité et les débuts de l'assurance maritime*, 1968.
HOCQUET, J.-Cl., *Le sel et la fortune de Venise*, 2 vols., 1978-79.
MELIS, F., *Storia della ragioneria*, 1950.
–, *Note di storia della banca pisana nel Trecento*, 1955.
ROOVER, R. de, «Aux origines d'une technique intellectuelle: la formation et l'expansion de la comptabilité à partie double», *Annales d'Histoire économique et sociale*, 1937.
–, *Money, Banking and Credit in mediaeval Bruges*, 1948.
–, *L'évolution de la lettre de change (XIV-XVIIIe siècles)*, 1953.
–, *The Bruges Money Market around 1400*, 1968.

3. Monografías

Studi in onore di Armando Sapori, 2 vols., 1957 (diversos artículos).
Studi in onore di Amintore Fanfani, 6 vols., 1962 (diversos artículos).
Città, Mercanti, Dottrine nell'economia europea dal IV al XVIII secolo. Saggi in memoria di Gino Luzzatto, 1964.

a) De grupos

ASHTOR, E., *Levant Trade in the later Middle Age,* 1983.
–, *East-west Trade in the Medieval Mediterranean,* 1996.
CAPITANI, O., (ed.), *Mercati e mercanti nell'alto Medioevo: l'area euroasiatica e l'area mediterranea,* Spolete, 1993.
CARLE, M., «Mercaderes en Castilla (1252-1512)», *Cuadernos de Historia de España,* 1954.
CARRÈRE, Cl., *Barcelone centre économique, 1380-1462,* 1967.
CONSTABLE, O., *Trade and Traders in Muslim Spain: The Commercial Realignement of the Iberian Peninsula,* 1994.
DELORT, R., *Le commerce des fourrures en Occident à la fin de Moyen Âge,* 2 vols., Roma, 1978.
DOLLINGER, Ph., *La Hanse (XIIe-XVIIe siècles),* 1964.
DUBOIS, H., *Les foires de Chalon et le commerce dans la vallée de la Saône à la fin du Moyen Âge,* 1976.
HEERS, J., *Gênes au XVe, siècle. Activité économique et problèmes sociaux,* 1971.
KEDAR, B. Z., *Mercanti in Crisi a Genova e Venezia nel' 300,* Roma, 1981.
LEBECQ, S., *Les Frisons. Marchands et navigateurs du Haut Moyen Âge,* 2 vol., 1983.
LÓPEZ, R., «Aux origines du capitalisme génois», *Annales d'Histoire économique et sociale,* 1937.
–, «Profil du marchand génois», *Annales,* ESC, 1958.
LUZZATTO, G., «Les noblesses. Les activités économiques du patriciat vénitien X^e-XIVe s.», *Annales d'Histoire économique et sociale,* 1937.

MOLLAT, M., *Le commerce maritime normand à la fin du Moyen Âge*, 1952.
PARAVICINI, W., (ed.), *Hanse Kaufleute in Brügge*, 2 vol., 1999.
POLIAKOV, L., *Les Banchieri juifs et le Saint-Siège du XIIIe au XVIIIe siècle*, 1965.
RORIG, F., *Wirtschaftskrafte im Mittelalter*, 1959.
SAMSONOWICZ, H., *Badania nad Kapitalem mieszcza´nskim Gda´nska w II polowie XV wieku*, 1960 (resumen en inglés).
THRUPP, S., *The Merchant Class of Medieval London*, 1948.
VAN DER WEE, H., *The growth of the Antwerp Market and the European Economy*, 3 vols., 1963.
WOLFF, Ph., *Commerces et Marchands de Toulouse (vers 1350-vers 1450)*, 1954.
Coll. *Banchieri e mercanti si Siena*, 1987.

b) De familias

PETRY, L., *Die Popplau. Eine schlesische Kaufmannsfamilie des XV und XVI Jahrhunderts*, 1935.
WOLFF, Ph., «Une famille, du XIIIe au XVIe siècle: les Ysalguier de Toulouse», *Mélanges d'histoire sociale*, 1942-1.

c) De sociedades

HUNT, E., *The Medieval-Super-Companies. A study of the Peruzzi Company of Florence*, 1994.
RENOUARD, Y., *Les relations des papes d'Avignon et des compagnies commerciales et bancaires de 1316 à 1378*, 1942.
ROOVER, R. de, *The Rise and Decline of the Medici Bank*, 1963.
RUTHENBURG, V. I., «Ocherk iz istorii rannego kapitalizma v Italii. Florentiiskie kompanii XIV veka», 1951 (en ruso).
SAPORI, A., *Studi di storia economica medievale*, 3.ª edición, 1955 (estudios XXVII, XXVIII, XXXII, XXXIV, XXXV, XXXVI).

d) De individualidades

ESPINAS, G., *Les origines du capitalisme, I: Sire Jehan Boinebroke patricien et drapier douaisien*, 1933.
LANE, F. C., *Andrea Barbarigo, merchant of Venice, 1418-1449*, 1944.
LA RONCIÈRE, CH.-M. de, *Un changeur florentin du Trecento: Lippo di Fede del Sega (1285 env.-1363 env.)*, 1973.
LÓPEZ, R., *Genova marinara nel Dugento: Benedetto Zaccaria, ammiraglio e mercante*, 1933.
MELIS, F., *Aspetti della vita economica medievale: Studi nell'Archivio Datini di Prato*, I, 1962.
MOLLAT, M., *Jacques Coeur ou l'esprit d'entreprise du XVe siècle*, 1998.
STIEDA, W., *Hildebrand Veckinchusen*, 1921.

4. Civilización

AURELL, J. y PUIGARNAU, A., *La cultura del mercader en la Barcelona del siglo XV*, 1998.
BALDWIN, J. W., *The medieval theories of the just price*, 1959.
–, *Masters, Princes and Merchants*, 1970.
BEC, CH., *Les marchands écrivains à Florence 1375-1434*, 1967.
BRESC-BAUTIER, G., *Artistes, patriciens et confréries*, 1979.
CONCINA, E., *Fondaci. Architettura, arte e mercatura tra Levante, Venezia e Allemagna*, 1997.
FANFANI, A., *Le origini dello spirito capitalistico in Italia*, 1933.
IBANÈS, J., *La doctrine de l'Église et les réalités économiques au XIIIe siècle*, 1967.
JOHANSEN, P., «Die Kaufmannskirche im Ostseegebiet», *Vorträge und Forschungen*, IV, 1955-6 (1958).
KELLENBENZ, H., «Der italienische Grosskaufmann und die Renaissance», *Vierteljahrschrift für Sozial und Wirtschaftsgeschichte*, 1958.

LE BRAS, G., artículo «Usure», en *Dictionnaire de théologie catholique,* vol. XV, Segunda Parte, 1950.
LE GOFF, J., *La bourse et la vie. Économie et religion au Moyen Âge,* 1986.
MASCHKE, E., «La mentalité des marchands européens au Moyen Âge», *Revue d'Histoire économique et sociale,* 42, 1964.
MEUVRET, J., «Manuels et traités à l'usage des négociants aux premières époques de l'âge moderne», *Études d'histoire moderne et contemporaine,* vol. V, 1953.
MUZZARELLI, M. G., *Uomini, Denaro, Istituzioni. L'invenzione del Monte di pietà* (catalogo della mostra di Bologne, 2000).
NOONAN, JR., J. T., *The scholastic analysis of usury,* 1957.
PIRENNE, H., «L'instruction du marchand au Moyen Âge», *Ann. hist. écon. et soc.,* 1929.
RENOUARD, Y., *Études d'histoire médiévale,* 1968.